しくみ図解

給排水・衛生設備が一番わかる

安全で快適な生活を送るための水道やガスの衛生的な設備方法

渋田雄一 著

技術評論社

　本書は給排水・衛生設備に関してはじめて学習しようと志す人のために図や写真、データなどで解説した入門書です。現代の生活では、人が建物で快適に過ごすためにさまざまな技術が使われています。最近は法規や省エネ基準などの目的にあわせて技術が進んでいます。建築において設備は、人にとって快適な環境の構成要素である光、空気、水などを具体的に調整して構築するための技術面を支える役割を担っています。

　本書で扱う「給排水・衛生設備」では水やガスに関する技術を扱う設備を中心に構築されます。この設備は日常的な生活を支える設備であり、快適に問題なく稼働することが当たり前の設備です。ほとんどの部分は裏方に隠されて、縁の下や壁の中、建物の裏側などで生活を支えています。

　給排水・衛生設備は計画地域で供給される上下水道、ガス設備により大きく影響されます。地域により設置できる設備や設置できない設備が大きく変わります。本書においては、給排水・衛生設備に関する基本的な事項を中心に、できる限り広範囲に、そして可能な部分は施工中の写真なども掲載して、より理解しやすくなるように心掛けました。

　水やガスに関しては、「給水装置工事主任技術者」「排水設備工事責任技術者」「管工事施工管理技士」「水道技術管理者」「液化石油ガス設備士」などの資格を取得し、関連法規や地域ごとの条例や指導を理解しつつ、地域の各種インフラ管理者との打合せが必要です。その際の導入的な内容として本書を役立てていただき、技術向上の一助になれば幸いです。

渋田　雄一

給排水・衛生設備が一番わかる

目次

第8章 浄化槽設備 ‥‥‥‥183

コラム｜目次

第 1 章

建築・建築設備

　建築はさまざまな要素、機能を集めてつくられています。建築、設備、給排水設備がどのように定められているのか考えてみましょう。

1-1 建築と建築物

●建築とは

「建築」の定義は、建築基準法第二条第13項に「建築とは建築物を新築し増築し改築し、又は移転すること」と定められています。

- **新築**：何もない土地（更地）に新しく建築物を建てること。
- **増築**：現在ある建物に部分的に建築物を加えて床面積を増すこと。既存建物がある敷地に新たに建築することも増築となる。
- **改築**：建物の全部もしくは一部を除去（撤去）し、災害で失った場合などにそれまでと同様の用途、規模、構造のものに建て替えるもの。
- **移転**：同一敷地内で建物を移動すること。

●建築物とは

「建築」と同様に「建築物」も建築基準法により定められています。その定義は「土地に定着する工作物のうち、屋根及び柱若しくは壁を有するもの、これに附属する門若しくは塀、観覧のための工作物又は地下若しくは高架の工作物内に設ける事務所、その他これらに類する施設をいい建築設備を含むもの」とされています。つまり、照明、空調、排水などの建築設備も「建築物」に含まれているのです（図1-1-1）。

●建築物の考え方

建築物は、全体の雰囲気・計画を担当する**意匠**、安全を担当する**構造**、生活を維持する**設備**の3分野により構成されています。現在の建築物は、それぞれの専門家が計画、設計、監理、維持を行います。現代の生活を維持するためには建築設備が必要不可欠となっています。さらに建築設備はIot化、スマート化により大きな役割を担うようになってきています。

図 1-1-1　建築物

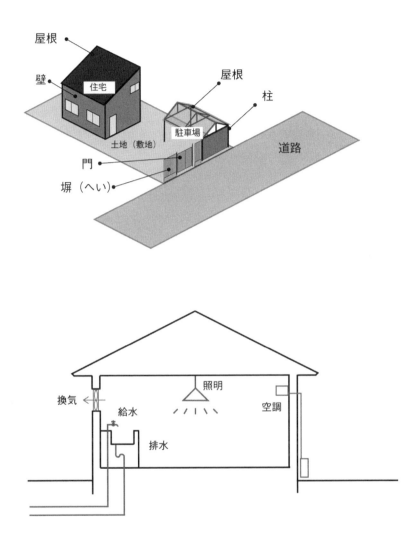

図 1-1-2　建物の考え方

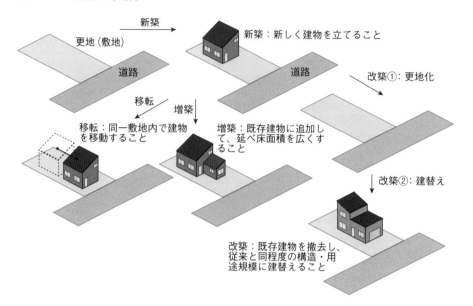

新築：新しく建物を立てること

更地（敷地）

道路

道路

改築①：更地化

移転：同一敷地内で建物を移動すること

増築：既存建物に追加して、延べ床面積を広くすること

改築②：建替え

改築：既存建物を撤去し、従来と同程度の構造・用途規模に建替えること

道路とは

　建築基準法でいう「道路」とは、原則として公道などの幅員4m以上のものをいいます。ただし幅員4m未満の道でも建築基準法の道路（いわゆる「2項道路」）とみなされる場合があります。これらの道路に接していない敷地には、原則として建物を建てることができません。建築基準法の道路には、国道・都道・区道などの公道、開発道路、計画道路などがあります。

1-2 建築設備

●建築設備とは

建築設備の内容は建築基準法で定義されています。その定義は「建築物における電気、ガス、給水、排水、換気、暖房、冷房、消火、排煙、若しくは汚物処理の設備又は煙突、昇降機、若しくは避雷針をいう」とされています。

図 1-2-1 建築設備の分類

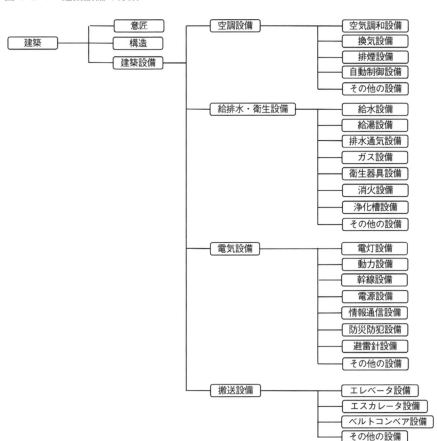

図 1-2-2　建築設備検討の流れ

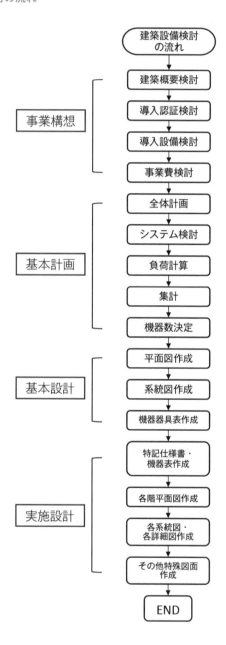

事業構想
- 建築概要検討
- 導入認証検討
- 導入設備検討
- 事業費検討

基本計画
- 全体計画
- システム検討
- 負荷計算
- 集計
- 機器数決定

基本設計
- 平面図作成
- 系統図作成
- 機器器具表作成

実施設計
- 特記仕様書・機器表作成
- 各階平面図作成
- 各系統図・各詳細図作成
- その他特殊図面作成

END

建築設備は大きくは、空調設備、給排水衛生設備、電気設備、搬送設備の4つに分類されます。空調設備、給排水衛生設備をあわせて**機械設備**と呼ぶこともあります。建築設備は生物に例えると、心臓や血管、内臓などの器官に該当し、健全に作動しないと維持できない重要な役割を持っています。

●給排水衛生設備

　給排水衛生設備とは、主に建物内に良好な水質、必要な水量、適切な水圧で水を供給し使用した水を適切な形で排除することを目的とした設備です（表1-2-1）。給排水衛生設備は、さまざまな設備を組み合わせた総合的なシステムとして機能しています。

　供給系としては給水設備、給湯設備があり、排出系としては排水通気設備、浄化槽設備、除害設備があります。この供給系と排出系の接点に衛生器具設備と特殊設備があります。これらの設備が相互に関連して機能しています。この他に水系の消火設備、ガス設備、ゴミ処理設備なを広く含めて**給排水衛生設備**と呼びます。

表 1-2-1　給排水衛生設備

広義の給排水衛生設備				
狭義の給排水衛生設備		周辺設備	特殊設備	
主要設備	関連設備			
給水設備	井水設備	消火設備	厨房設備	水景設備
給湯設備	冷水設備	ガス設備	洗濯設備	散水設備
衛生器具設備	特殊設備	浄化槽	医療用特殊配管設備	事業用排水処理設備
排水設備	排水処理設備		水泳プール設備	放射性排水処理設備
	雨水処理設備		浴場設備	ゴミ処理設備

●建築設備の検討

建物における建築設備の役割、機能は高度化しています。そして省エネや創エネなどの導入が必要になっています。ZEH（ゼロエネルギーハウス：経済産業省）においては住宅における高性能設備の導入や創エネを計画段階から目指します。また、ZEB（ネット・ゼロ・エネルギー・ビル：環境省）では、住宅以外の建物全般において新築だけではなく改修に関しても省エネ＋創エネによって、できる限りエネルギー消費を少なくする取り組みが進んでいます。

このような取り組みを行うためには、建築プロジェクトの初期（事業構想）段階で建築設備に関する検討が必要です（表1-2-2）。建築設備に関しては、建物用途に応じて、対応する法的な条件が変わります。このように初期段階から竣工までさまざまな条件を検討して、建築設備を決めていきます。

表 1-2-2　建築設備に関する検討項目（例）

検討項目	内容
導入認証検討	環境認証などを受ける場合は評価対象設備導入の検討が必要
コスト検討	目標とするコストの設定
各システムの検討	空調換気方式、給排水方式、給湯方式、受変電方式
負荷計算	空調設備：室内外の熱容量算出
	給排水・衛生設備：使用水量、排出量の算出
	電気設備：照明・動力などの容量算出
機器検討	空調設備：空調機器の検討
	給排水・衛生設備：衛生機器（ポンプ、衛生陶器類）の検討
	電気設備：キュービクル、照明機器などの検討

第 2 章

給水設備

　給水設備は、建築の一部である設備の重要な要素です。建築はさまざまな要素、機能を集めてつくられている中、給水設備がどのように定められているのか考えてみましょう。

2 -1 給水設備

●給水装置

　給水装置とは、需要者（水道を使う人）に水を供給するために水道事業者が敷設した配水管（水道管）から分岐して設けられた給水管およびこれに直結した給水用具のことを示します。つまり水道管から計画敷地内の給水栓までのことです。水道水をいったん受水槽に受けて給水する場合には、配水管から受水槽の注水口までが給水装置となります（図2-1-1）。給水装置は、いくつかの器具の組み合わせから構成されています。大きく分類すると次の2つに分けられます。

　　・末端給水用具：浄水器、水栓、湯沸器など。
　　・給水管および末端給水用具以外の給水用具：給水管、給水栓、バルブ、
　　　減圧弁など。

●受水槽方式の給水装置

　ビルや集合住宅などにおいては、いったん水道水を受水槽で受ける方式があります。この場合、配水管（水道管）から受水槽の吐水口までが給水装置になります。そのため集合住宅で戸別に水道メーターが設置されている場合も受水槽の吐水口までが給水装置に区別されます（図2-1-2）。

●給水用具

　給水用具とは、直結している給水装置と給水管に容易に取り外しのできない構造として接続し、有圧のまま給水できる給水栓などの用具です。ただし、ホースなど、容易に取り外しが可能なものは含まれません。

図 2-1-1　給水装置の範囲

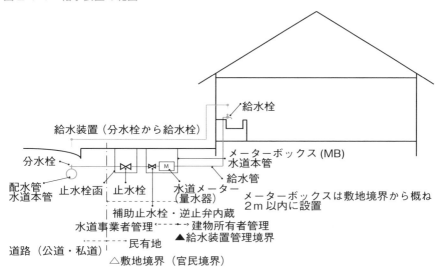

図 2-1-2　給水装置（受水槽）

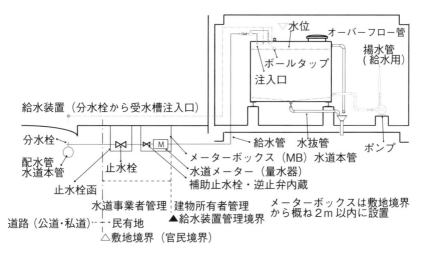

●給水管

　水道事業者の配水管（水道管）から個別の需要者（水道を使う人）に水を
供給するために分岐して設けられた配管です。

●水道メーター

　水道メーターは計画地内に設置しますが、水道事業者の所有物になります。配水管（水道管）から分岐した給水管に直結して設置します（図 2-1-3）。計量法施行令により水道メーターの有効期間は 8 年と定められています。

　水道メーターは需要者（水を使用する人）が使用する水量を積算軽量する計量器として使われます。また、計量法に定められた特定計量器の検定に合格した計量機器になります。計量器は大別すると次の 2 種類に分けられます。

- **推測式（流速式）**：給水管内を流れている水の流速を測定することで流量に換算する方式。
- **実測式（容積式）**：水の体積を測定する方式。一般的には推測式の水道メーターが用いられています。

図 2-1-3　水道メーター

●分水栓

　分水栓とは、水道事業者が道路地面下に設置した給水管（水道管）へ配管

を接続するための給水用具です。分水栓には次の種類があります。

- **水道用分水栓（甲型・乙型）**：給水管からの分岐に用いられます。給水管にめねじを切って取付けます。
- **サドル付分水栓**：給水管に取付けるためのサドル機構と止水機構が一体になったもの。
- **割T字管**：分割型のT字管と仕切弁による一体構造（鋳鉄製）。

●止水栓

水道設備の故障時やメンテナンス時に水を止め、水量の調整を行うための水栓です（図2-1-4）。一般的には給水管と水道設備の間に設置されます。止水栓には次の種類があります。

- **甲型止水栓（ハンドル型）**：止水部分が落しコマ構造。
- **ボール型止水栓**：栓の部分がボール形状で90°回転して開閉する方式。
- **仕切弁**：栓が上下して全開または全閉となる方式。

図 2-1-4　止水栓本体

●給水栓

　給水装置の給水管の末端に取付けて吐水と止水を行う水栓です。給水栓には次の種類があります。

- **立水栓**：コンクリートの柱に取付いた給水栓です（図 2-1-5）。吐水口が回転するものは**吐水口回転型立水栓**と呼びます。
- **横水栓**：主に壁面に取付ける給水栓です。吐水口が動かない最もシンプルな水栓です。
- **温水混合水栓**：給水管と給湯管を接続して吐水と止水を水栓内部での湯水混合の状態で行う水栓です。
- **ボールタップ**：フロートを水槽に設置してフロートの上下により自動的に弁を開閉する構造の水栓です。そのしくみにより水槽内の水位を一定に保ちます。
- **洗浄弁・洗浄水栓**：便器に取付けて、洗浄するとともに汚物搬送のために洗浄水を供給します。

図 2-1-5　立水栓

●バキュームブレーカー

　給水管内に負圧（吸引する力）が発生すると逆サイホン作用が起こります。この場合、水が下流側から逆流して汚染する可能性があります。そこで、負圧になることを防止するために自動的に空気を取り入れて圧力を調整する機能を持つものがバキュームブレーカーです。

●各種弁類

給水設備に使用される各種の弁類を以下に示します。

- ・減圧弁：水道用減圧弁は主に温水用熱交換器の給水に用います。必要以上の給水圧力が熱交換器の缶体に加わらないように所定の給水圧力を保持する目的で使用します。
- ・安全弁（逃し弁）：あらかじめ設定された圧力を超えると弁が開いて水を排出し、圧力が設定された値に下がると弁が閉じて水の排出が止まるしくみです。
- ・定流量弁：一次（流入側）と二次（流出側）において圧力の変動がある場合に配管内の流量を一定に保持します。
- ・逆流防止弁（逆止弁・チャッキバルブ）：給水管内が負圧になることによる給水給湯配管への水の逆流を防止するように作動する構造です。スイング式、リフト式、バネ式などさまざまなタイプがあります。
- ・空気弁：フロートの作用により管内に停滞した空気を自動的に排出する機能を持ちます。
- ・吸排気弁：集合住宅やビルなどで用いられる立て配管頂部に設置します。役割としては断水などで負圧が発生した際に、空気を導入して負圧による逆流を防止するためのものです。管内に停滞した空気を自動的に排出する機能を持ちます。

●水道水（上水）と雑用水

給水装置から供給される水には水道水（上水）と雑用水があります。

水道水（上水）は飲用水として供給されます。飲用のほか洗面、入浴、洗濯、プール、空調設備などに用いられます。**雑用水**は建築物内で発生した排水を浄化して再生した再生水の他、雨水、下水処理水、工業用水などを便所の洗浄水、水景用水、栽培用水、洗浄用水など、人体と直接接しない場所で用いる水です。

●雨水の利用

雨水貯留の活用として貯留槽はビルの地下階やピット、公共施設、公園広場などに設置されています。灌水（敷地内の植物への散水）として利用するほか、緊急時の防火用水、雑用水としてトイレ洗浄、各所の掃除、洗車、融雪などに利用します。

●雨水の利用

浸透方法として、雨水浸透桝、雨水浸透管、透水性舗装があります。目的としては、ヒートアイランド対策、地盤沈下対策、地下水の保全、雨水流出抑制があげられます。

●浄水器

浄水器は消費者庁により以下のように定義されています。

「飲用に供する水を得るためのものであって、水道水から残留塩素を除去する機能を有するものに限る。業務用、非常時用、アウトドア用、浴槽用、シャワー用や河川水や井戸水を原水としているものは除く。カートリッジ等についても単体で販売される場合は対象となる。」

と定められており、材料の種類、ろ材の種類、ろ過流量、浄水能力、回収率、ろ過水容量、ろ材取り替え時期の明示などが規定されています。浄水器にはさまざまなタイプがありますが、給水用具としては次に分類されます。

- **先止め式**：水栓の流入側に取付けを行います。そのため常時水圧が加わる形になります。この方式の場合はすべて給水用具に該当します。
- **元止め式**：水栓の流出側に取付けを行います。この場合は、常時水圧が加わりません。この方式においては、浄水器と水栓が一体に製造されているもの（ビルトイン型およびアンダーシンク型）は給水装置に分類されます。浄水器単独で製造され、使用者が自分で取付けるもの（給水栓直結形および据置型）は給水用具には該当しません。

●直結加圧形ポンプユニット（増圧給水設備）

　配水管の圧力だけでは給水しきれない中高層建物（概ね高さ9m以上）において、末端の給水用具を使用するために、必要な圧力を増圧し、給水用具への吐水圧力を確保するための設備です（図2-2-1）。

　加圧型ポンプ、制御盤、圧力タンク、逆止弁などを組込んだユニット形式となります。次の点を考慮します。

①停滞空気が発生しない構造かつ衝撃防止のために必要な対処を行う。
②低層階で給水圧が課題になる恐れがある場合、適正な水圧に減圧を行う。
③設置位置は、水道メーター下流側で保守点検および修繕を容易に行える場所とし必要なスペースを確保する。
④逆流防止機器は信頼性の高い逆止弁とする。減圧式逆流防止器を設置する場合は、吐水口からの排水により増圧給水装置が水没しないように考慮する。
⑤ポンプの必要条件としては、水質に影響を及ぼさないこと、始動、停止および運転中において配水管内の圧力変動が極力小さくポンプ運転時に配水管内の圧力に影響する脈動を生じないこと、水圧変化、使用水量に対応して安定供給が行えること、吸込み側の水圧が通常範囲より低下し

たときに自動停止し、水圧が回復したときに自動復帰することである。

図 2-2-1　ポンプ

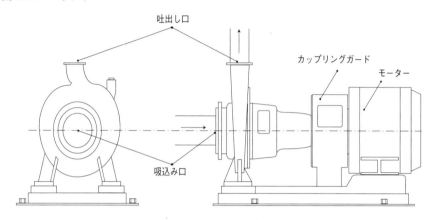

吐出し口

カップリングガード

モーター

吸込み口

💬 **水道の定義**

　水道の定義は「導管及びその他の工作物により、水を人の飲用に適する水として供給する施設の総体（水道法）」となります。導管とは水を導くための断面が閉じている管状のものをいいます。断面が一部開いているものは含まれません。理由は水に圧力をかけて、汚染する可能性のあるものが侵入できないような状況とするためです。

節水型給水用具

●節水型給水用具

節水型給水用具は各自治体により定義されています。また、エコマーク商品として認定基準が厚生労働省でも以下のとおり定められています。

- **節水型大便器**：洗浄水量 6.5（L）以下。
- **流量制御付自動洗浄装置組込小便器**：洗浄水量は 2.5（L）以下。
- **小便器用流量制御付自動洗浄装置**：洗浄水量は 4（L）以下。
- **節水コマまたは節水コマ内蔵水栓**：30% 以上の節水量。
- **定流量弁または定流量弁内蔵水栓**：ハンドルの全開時、吐水流量が 5 〜 8（L/min）。
- **泡沫キャップまたは泡沫機能付水栓**：ハンドル全開時、吐水流量が泡沫キャップなしの同型水栓の 80% 以下。
- **流量調節弁**：ハンドル全開時、吐水流量が調整弁なしの同型水栓の 80% 以下。設置場所に応じて規定の吐水量以上。
- **湯水混合水栓**：規定の構造・機能を有する。
- **時間止め水栓**：設定した時間に達すると自動的に止水する。
- **定量止め水栓**：設定量を吐水すると自動的に停止する能力を有する。
- **自閉水栓**：レバーを操作すれば吐水し、手を離せば一定量吐水した後、自動的に止水する構造を有した水栓。
- **自動水栓（自己発電機構付）または自動水栓（AC100V タイプ）**：吐水量は 5（L/min）以下である。手をかざして（非接触）自動で吐水する。止水までの時間は 2 秒以内。
- **手元一時止水機構付シャワーヘッドまたは手元一時止水機構付シャワーヘッド組込水栓**：シャワーヘッドに設置されたボタンなどにより、手元で一時的に止水、吐水の切り替えができるシャワーヘッドおよびその組込水栓。

2-4 給水管

●給水管に使われる材料

　給水管は配水管（水道管）からメーターまで使用される配管のことです。使用される配管には、水道用ダクタイル鋳鉄管、水道用硬質塩化ビニルライニング鋼管（図2-4-1）、銅管、水道用ステンレス鋼鋼管、水道用硬質塩化ビニル管、水道用ポリエチレン粉体ライニング鋼管などが使われます。代表的な配管を以下に紹介します。

- **水道用硬質塩化ビニルライニング鋼管**：炭素鋼鋼管の内側に、硬質塩化ビニルを貼り付けた配管で、腐食しにくくなっています。耐腐食性、耐圧性、耐衝撃性に優れた配管です。給湯に使える耐熱性のタイプもあります。
- **水道用ポリエチレン粉体ライニング鋼管**：硬質塩化ビニルの代わりにポリエチレンを内側に貼り付けた配管です。空調冷却水の水道管としても用いられます。耐熱性がないので給湯には使えません。

図 2-4-1　水道用硬質塩化ビニルライニング鋼管

図 2-4-2　水道用硬質塩化ビニルライニング鋼管（断面）

表 2-4-1　主な給水用ライニング鋼管

規格名称	規格番号	運用管径	配管断面イメージ	記号	防食仕様	
					内面	外面
水道用硬質塩化ビニルライニング鋼管	JWWA K116	15A 〜 150A	硬質塩化ビニル／配管用炭素鋼鋼管／一次防せい塗装	SGP-VA	硬質塩化ビニル	一次防せい塗装
			硬質塩化ビニル／配管用炭素鋼鋼管／亜鉛メッキ	SGP-VB		亜鉛メッキ
			硬質塩化ビニル／配管用炭素鋼鋼管／接着剤／硬質塩化ビニル	SGP-VD		硬質塩化ビニル
水道用ポリエチレン粉体ライニング鋼管	JWWA K132	15A 〜 100A	ポリエチレン／配管用炭素鋼鋼管／一次防せい塗装	SGP-PA	ポリエチレン	一次防せい塗装
			ポリエチレン／配管用炭素鋼鋼管／亜鉛メッキ	SGP-PB		亜鉛メッキ
			ポリエチレン／配管用炭素鋼鋼管／接着剤／ポリエチレン被膜	SGP-PD		ポリエチレン被膜

2-5 給水装置の基準性能

給水装置は生活を維持するための重要なインフラであるため、満たすべき基準が定められています。基準は、耐圧性能、浸出性能、水撃限界性能、逆流防止性能、負圧破壊性能、耐寒性能、耐久性能の7つが定められています。

●耐圧性能基準

- **対象**：すべての給水管および給水用具です。ただし、止水機構の流出側に設置される給水用具は除きます。
- **基準**：給水装置に関しては1.75MPa（メガパスカル）の圧力を1分間加えて、水漏れ、変形、破損その他の異常を生じないこと、また、貯湯湯沸器および貯湯湯沸器の下流側に設置されている給水用具は0.3MPaの圧力を1分間加えて、水漏れ、変形、破損その他の異常を生じないことが必要です。

●浸出性能基準

- **目的**：給水装置内で金属が溶け出し飲用の水が汚染されないための基準。
- **対象**：飲用に供する水が接触する可能性のある給水管および給水用具です。具体的には、給水管、継手類、バルブ類、ボールタップ、瞬間湯沸器、貯油器、末端給水用具、水栓、浄水器、自動販売機など。
- **対象外**：風呂用水栓、洗髪用水栓、食器洗浄用水栓、散水栓、洗浄便座、風呂釜、自動食器洗い器など。
- **基準**：精製水を浸出させ、その浸出水が規定の基準以下であること。

●水撃限界性能基準

- **目的**：ウォーターハンマーによる破壊などを防止することが目的。
- **対象**：ウォーターハンマーが生じる恐れのある給水用具。水栓、ボールタップ、電磁弁、元止め式瞬間湯沸器などが該当します。除外条件とし

て水撃防止器具を給水用具の上流側に設置すれば性能基準を満たしているものとみなされます。

・**基準**：流速 2 m/sec または動水圧を 0.15MPa の条件で給水用具の止水機構を急閉止したときの水撃作用により上昇する圧力が 1.5MPa 以下でなければならないとされています。

●逆流防止性能基準

・**目的**：給水装置を汚水が逆流して、水道水の汚染や公衆衛生上の問題が生じることを防ぐことを目的としています。

・**対象**：逆止弁、減圧式逆流防止器および逆流防止装置を内部に備えた給水器具。

・**基準**：規定の圧力を加えたときに、水漏れ、変形、破損、その他の異常を生じないことを基準としています。さらに機器ごとに詳細な基準項目が設けられています。

●負圧破壊性能基準

・**目的**：断水時などに生じる負圧により給水装置の吐水口から汚水が逆流し、公共への危害が生じることを防ぐことを目的としています。

・**対象**：バキュームブレーカー、負圧破壊装置を内部に備えた給水用具、吐水口一体型給水用具。具体的には吐水口水没型ボールタップ、ボールタップ付ロータンク、冷水機、自動販売機、貯蔵湯沸器など。

・**基準**：規定の機能が満たされていることを基準としています。

●耐寒性能基準

・**目的**：給水用具内の水が凍結して、給水用具に破壊などが生じることを防止することを目的としています。

・**対象**：凍結の恐れのある場所に設置される、減圧弁、逃し弁、空気弁、逆止弁、および電磁弁。

・**基準**：10 万回の開閉操作を行った後に－20℃で通水したときに規定の機能を有することとされます。

●耐久性能基準

- **目的**：頻繁に操作を繰り返すうちに弁類が故障しその結果、給水装置の耐圧性逆流防止などに支障が生じることを防止することを目的としています。
- **対象**：制御弁類のうち、機械的・自動的に頻繁に作動し、通常使用者が自らの意思で選択し、または設置・交換しないような弁類。
- **基準**：10万回の開閉操作を繰り返した後、規定の性能が確保されていることを基準としています。

！ 水の種類

　水をその用途に合わせて上水、中水、下水と簡易に分類して使うことがあります。

　上水：上水は飲用を目的に水道法により水質が管理されている水のことです。用途としては、飲用、炊事、洗面、洗濯、入浴など。

　中水：中水は敷地内の排水を浄化処理した再生水などで、人体と直接接しない目的や場所に用いられます。用途としては、便所洗浄、散水、洗車、池用水、融雪用水、農業用水、工業用水。

　下水：下水は排水等で、上水として使用された後の水などのことです。下水の敷地からの排除方法は地域により変わります。

2-6 給水装置工事主任技術者

給水装置工事主任技術者は国家試験である「給水装置工事主任技術者試験」に合格し、厚生労働大臣から免状の交付を受けた人です。この資格は、給水工事事業者が水道事業者から水道法に基づく指定を受けるために必須となります。実務経験3年が必要になります。職務は次のようになります。

●給水装置工事主任技術者職務

給水装置工事主任技術者の主要な職務を次に示します。

①調査
　・事前調査
　・水道事業者との調整
②計画
　・施工計画などの策定
　・給水装置工事の資機材の選定
　・工事方法の決定
　・施行計画書、施工図の作成
　・設計審査
③施行
　・工事管理業者に対する技術上の指導監督
　・工程管理・品質管理・安全管理
④検査
　・竣工検査
　・水道事業者が行う検査の際の立会い

指定給水装置工事事業者は、次の条件に合わせた対応が必要です。

①個別の給水装置工事ごとに給水装置工事主任技術者を事業所ごとに、選任しなければならない。

②指定給水装置工事事業者の指定を受けた日から2週間以内に給水装置工事主任技術者を選任しなければならない。選任した給水装置工事主任技術者が欠けた場合も同様である。

③給水装置工事主任技術者は、指定を受けた水道事業者の給水区域内に限り業務を行うことができる。

④指定給水装置工事事業者は、給水装置工事主任技術者を選任したときは遅滞なく水道事業者に届け出なければならない。これを解任したときも同様とする。

! **水質基準**

　飲用を目的とした水のことです。そのため上水は水道法により水質が管理されています。この上水を流して供給する上水道がいわゆる水道のことです。上水道の水源となる水の水質基準は公共用水域の水質の環境基準（平成3年環境庁告示78号）が、全公共用水域一律に定められています。この公共用水域から水道に利用される水は、状況に応じて次の3つに分けられ、それぞれの水質基準が定められています。

　　1級：濾過などによる簡易な浄水操作を行うもの

　　2級：沈殿濾過などによる通常の浄水操作を行うもの

　　3級：前処理などを伴う高度の浄水操作を行うもの

2-7 給水方式

●給水方式の種類

　給水方式は、建物の用途・規模・階数・高さなどを考慮して選定されます。また、最近の水道行政の方針として、以下の事柄を踏まえています。

・直結式の範囲拡大
・維持管理の法的対象外の 10㎡以下の受水槽への衛生的対策
・木造 3 階建への対応

　地域によっては、4 階建程度の高さまで直結給水方式で対応可能としています。近年の新築中高層集合住宅においては、高置水槽を用いないで給水を押し上げるポンプ直送方式も増えています。給水方式は大別すると 2 種類に分けられます。

・**直結式**：配水管（水道管）から直接給水するのが水道直結方式。この方式には直結直圧方式、直結増圧方式があります。
・**受水槽式**：配水管から給水装置を経由していったん受水槽に貯水してから給水する方式。この方式には高置水槽方式、ポンプ直送方式、圧力水槽方式などがあります。

　最近の集合住宅ではポンプ直送方式や直結増圧方式などの採用が増えています。これは、受水槽があると水道法により定期清掃や水質検査などが義務づけられておりコストや手間がかかることなどを避けるためでもあります。既存の集合住宅の改修においても同様の改修が増えています。

●直結直圧方式

直結直圧方式は配水管から直接各所に給水する方式です。配水管の水圧により供給されるので、その地域の水圧を確認する必要があります。地域により3〜4階まで直接給水できます。災害や事故で配水本管が断水すると給水はできません。この方式では機械設備が必要ないので維持費も最も安く、操作も簡単です。

図 2-7-1　直結直圧方式

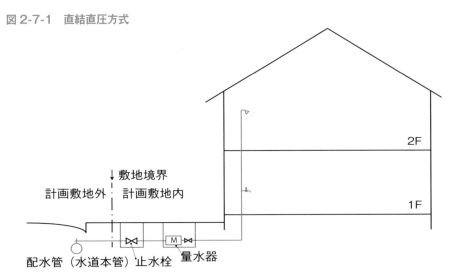

●直結増圧方式

　直結増圧方式は引込み給水管に加圧給水ポンプを直接接続して水圧の不足分を増圧し、中高層階まで直結給水する方式です。配水管の水圧の範囲内であればポンプを作動させないですむため無駄が少なくなります。災害や事故で断水した場合は給水できません。この方式には、増圧ポンプ、逆流防止機器および制御装置が必要です。圧力制御を行うので供給圧力は安定しています。また、年に1回のメンテナンスが必要になります。

図 2-7-2　直結増圧方式

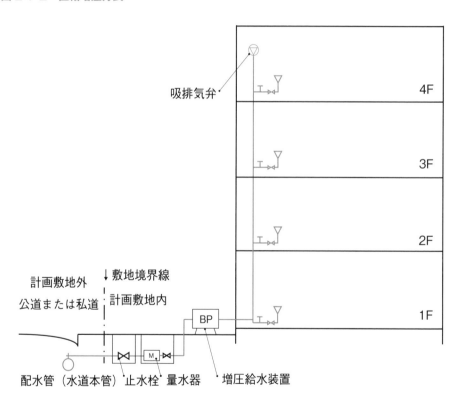

●受水槽方式

　受水槽方式は配水管からの上水を受水槽にいったん貯水します。この水を
ポンプにより建物の高い位置に設置した高置水槽に揚水します。必要各所に
は高置水槽から自然落差を使い給水します。受水槽と高置水槽の2つの水槽
が必要です。下層階では水圧が高くなり、ウォーターハンマーの発生が起き
やすくなるので防止機器などが必要です。断水時でも受水槽および高置水槽
内の水量分が利用できるので、病院やホテルなど常時水を必要とする施設に
は適しています。

図 2-7-3　受水槽方式

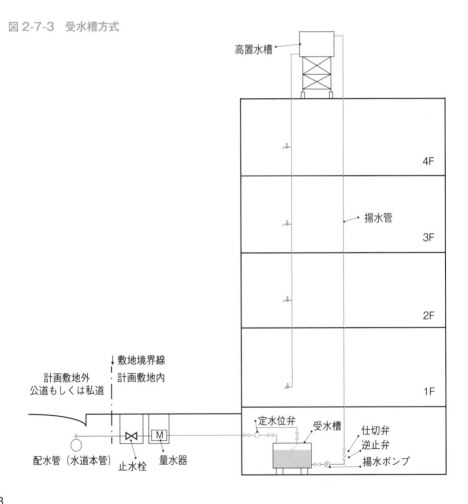

●ポンプ直送方式

　ポンプ直送方式は水を使用する際の圧力変化を感知して、加圧ポンプが運転を行い受水槽から各所に給水します。受水槽を設置しますが高置水槽は設置しません。数台のポンプ圧力制御装置などが必要になります。

図 2-7-4　ポンプ直送方式

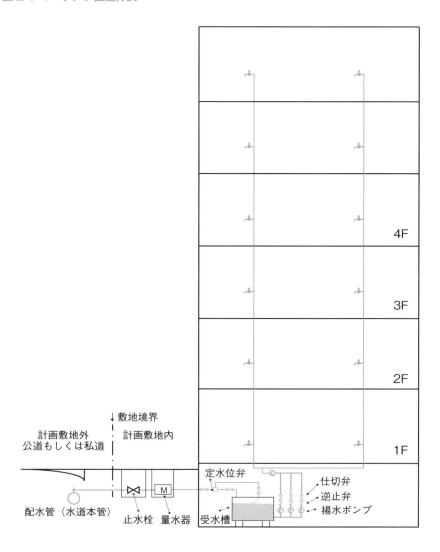

2-8 給水方式の選定

　給水方式は用途や規模により適切な方式を選定します。供給元の配水管が大きく影響するため事前の調査や行政への確認、水道事業者への確認は必須です。配水管の圧力で分類すると、配水管の圧力が高い場合は、3階建ての計画は直結給水方式が適しています。配水管の圧力が低い場合は、受水槽方式が適しています。

●規模による分類

　中小規模の建物は直結方式、大規模の場合は受水槽方式が適しています。大規模の場合は直結方式であると使用時に配水管の圧力が下がる可能性があるため、受水槽を設けてリスクを回避します。

●用途による分類

　住宅や集合住宅などは維持費の観点からも直結直圧方式が適しています。病院やホテルなどは緊急時の対応も含めて高置水槽方式が適しています。高層建物の場合は、いくつかの給水方式を組み合わせて採用します。これは1つの給水方式では、下層階の給水圧が高くなり許容圧力を超えてしまうので、中間水槽や減圧弁などを設置してゾーニングしたうえで、それぞれのエリアに適した給水方式を用いるということになります。

2-9 受水槽

●受水槽

受水槽とは、水道事業者の配水管から給水装置を経由して供給された上水を貯水するための水槽です。受水槽を設置する理由は、高置水槽方式で給水装置にポンプを直結すると、揚水時にポンプが動くことから大量の水が吸引され、付近の配水管内の水圧が低下し近隣の配水状況が悪くなるのを防ぐことがあげられます。受水槽の容量は、建物の1日の使用量の1/2程度の貯水量を基準とします。

●設置基準、構造

受水槽から需要者（水の使用者）の水栓まで、建物の所有者が管理する必要があります。10㎥を超える受水槽を備えた給水設備は簡易専用水道として扱われ、水槽の清掃や定期検査などが義務づけられています。10㎥以下の受水槽の場合は小規模受水槽水道として条例の規制を受けます。また、ビル管理法にて定期的に貯水槽の清掃が義務づけられています。水槽の設置基準、構造は国土交通省によって定められています。

①受水槽は天井、底、周壁は建物躯体と兼用せず六面点検が可能である。
②周辺は600mm以上、上部には1,000mm以上の点検スペースを確保する。
③断水しなくても清掃できるように2基以上に分割して設けるか、中仕切りを設置する。
④受水槽マンホールは直径600mm以上とし周囲から100mm以上立上げて設け防水パッキン入り、鍵付きとする。
⑤有効容量2㎥以上の受水槽には防虫網付き通気孔を設置する。
⑥受水槽内の給水管位置と給水ポンプの吸込み口の位置は停滞水ができないように対角に設置する。
⑦受水槽のオーバーフロー管は間接排水とし、開口部は防虫網を設置する。

⑧受水槽内部には飲料用給水管以外の配管設備を設けない。

⑨受水槽天井の上部または上方には飲料用給水管以外の配管は通さない。

⑩受水槽の上部にポンプその他の機器を設置する場合は、飲料水を汚染しないように必要な措置を講ずる必要がある。

図 2-9-1　受水槽

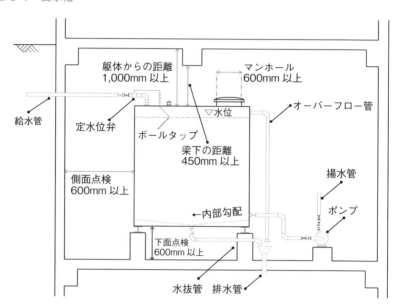

図 2-9-2　オーバーフロー管

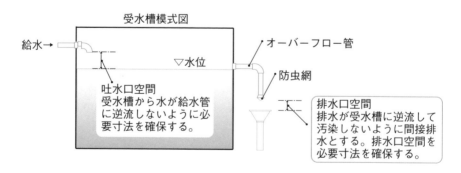

計画使用水量

●計画使用水量

　計画使用水量とは、給水装置に給水される水量のことです。これを概算することで給水管の口径選定の目安とします。算出は建築用途、水の使用用途、建物の使用人数給水栓の数などを検討して行います。給水量の予測には次の方法があります。

・使用人数
・建物内部に設置する水栓などの器具数からの算出
・建物の延べ面積から算出

この計画使用数量から次の水量も算出されます。

・**貯水量**：受水槽の貯水容量は水道管の断水時を想定する。建物の1日あたりの計画使用数量の1/2程度とします。
・**高置水槽の貯水量**：1日あたりの計画使用水量の1/8 ～ 1/10。
・**用水ポンプの揚水量**：高置水槽を20 ～ 30分で満水にできる能力。
・**同時使用水量**：給水栓、給湯器などの給水器具のうち、いくつかの吸水器具が同時に使用された場合の使用水量。瞬間最大使用水量と同じ意味。
・**計画1日使用水量**：1日あたりに給水装置に給水される水量。

●給水圧力

　給水圧力は、給水設備の配管、給水栓、弁などの給水器具にかかる水圧のことです。また、給水栓から吐水する際の放水圧力でもあります。給水圧力が不足すると給水器具が機能しなくなり、使用できなくなる場合があります。給水圧力は各地域により異なるので計画の際には十分な調査が必要です。配水管（水道管）内の圧力は200kPa以上となっています。

器具の必要圧力＝ P3：一般水栓 30kPa、洗浄弁 70kPa、シャワー 70kPa
瞬間湯沸器 小 40kPa、中 50kPa、大 80kPa

図 2-10-1　給水圧の計算

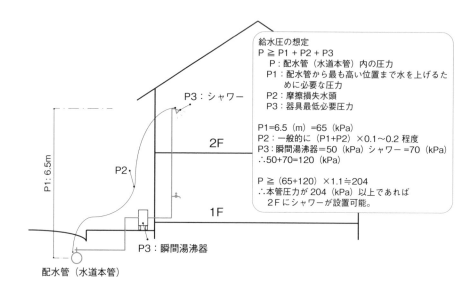

給水圧の想定
P ≧ P1 + P2 + P3
　P：配水管（水道本管）内の圧力
　P1：配水管から最も高い位置まで水を上げるた
　　　めに必要な圧力
　P2：摩擦損失水頭
　P3：器具最低必要圧力

P1=6.5（m）=65（kPa）
P2：一般的に（P1+P2）×0.1〜0.2 程度
P3：瞬間湯沸器＝50（kPa）シャワー =70（kPa）
∴50+70=120（kPa）

P ≧（65+120）×1.1≒204
∴本管圧力が 204（kPa）以上であれば
　2 F にシャワーが設置可能。

●器具数量による予想給水量の算定

　各種衛生器具の数から使用する水の給水量を求める方法です。使用状況の
想定、同時使用率などは状況を考慮して決めます。

・各種衛生器具数を種類ごとに拾い出します。種別は表 2-10-1 のように分
　類されます。
・衛生器具類毎に使用水量を計算します。

$$Qd = Qg \times F \times P$$
　Qd：1 日あたりの給水量（L/ 日）
　Qg：器具の使用水量（瞬時最大流量）（L /min）

F：器具数（個）

P：同時使用率（％）

・衛生器具毎に使用水量（瞬時最大流量）を合計します。

・空調設備などの水量を加算します。

表 2-10-1　瞬時最大流量

器具種	使用量 (L/回)	使用回数 (回/h)	瞬時最大流量 (L/min)	1回の給水時間 (sec/回)
大便器（洗浄弁）	15	6 ～ 12	110	8.2
大便器（洗浄タンク）	15	6 ～ 12	10	60
小便器（洗浄弁）	5	12 ～ 20	30	10
手洗器	3	12 ～ 20	8	18
洗面器	10	6 ～ 12	10	40
洋風浴槽	125	3	30	250
和風浴槽	50 ～ 250		30	
シャワー	24 ～ 60	3	12	120 ～ 300
散水栓			20 ～ 50	

表 2-10-2　同時使用率

水栓数		2	3	4	5	10	15	20	30	50	100
一般器具	最大	100	80	75	70	53	48	44	40	36	33
	最小	50	50	50	50	30	27	25	20	20	20
洗浄弁使用器具		100	55	45	40	24	18	14	10	7	5

●給水方式の考え方

　給水方式を決めるために、給水管の配管径、受水槽・高置水槽などの貯水槽容量、揚水ポンプの容量などを算出する必要があります。図表を用いて、計画における1日あたりの単位給水量、使用時間 T などから、1日の予想給水量 Q（L/day）を算出します。時間平均給水量 Qh（L/h）、時間最大給水量 Qm（L/h）、ピーク時最大予想給水量 Qp（L/min）を計算により求めます。

2 -11 給水管の決定

●給水管径および給水機器容量

給水管径および給水機器容量は次に示す事項により決定します。

① 1 日使用水量は用途、規模ごとの 1 日 1 人あたりの給水量から算出する。

② 給水方式を直結式か受水槽式で選択する。

③ 受水槽の容量を一日使用量の 4/10 〜 6/10 程度で想定する。

④ 受水槽方式の場合、給水引込口径は受水槽が 3 〜 4h で満水になる口径とする。

⑤ 高置水槽容量は一般に 1 日使用水量の 1/10 とする。しかし、ピーク時の最大予想給水量の 20 〜 30 分とする考え方もある。

⑥ 揚水ポンプは高置水槽を 10 〜 15 分間で満水にできる能力かつ高置水槽を空にしない水量とする。

⑦ 給水負荷流量は建物内の衛生器具数の器具給水負荷単位などから算出する。

⑧ 給水ポンプは上記⑦での給水負荷流量と揚程から仕様を決定する。

⑨ 給水管径の決定は給水負荷流量と管路の許容圧力損失から求める。ただし、流速は原則 2.0（m/sec）以下として考える。

機器の容量

●揚水ポンプ

揚水ポンプは主に渦巻ポンプが用いられます。揚水ポンプの能力（サイズ）は揚程と所要動力により算定されます。

・揚水量の計算：

$QPu\ K_1\ Qmh/60$

QPu：揚水ポンプの揚水量（L/m）

K_1：時間最大給水量に対する割合（=1.1）

Qmh：時間最大給水量（L/h）

・揚程の計算：

$H\ H_1\ H_2\ Vp・Vp/2G$

H_1：吸込部から揚水管頂部までの高さ（m）

H_2：吸込部から揚水管頂部までの摩擦損失水頭に相当する高さ（m）

Vp：吐水口での流速（m/sec）（一般的に $Vp=2.0$）

G：重力加速度（m/s^2）

・揚水ポンプの所要動力 P（kW）の計算：

$P=0.163 \times QPu \times H/E \times 1.1$

QPu：揚水ポンプの揚水量（L/min）

H：揚水ポンプの全揚程（m）

E：ポンプ効率（%）

⚠ 上水道施設

　飲用水は取水されてから、上水道施設を経由して住宅に供給されます。この上水道施設は大きく分けると6つの施設に分類されます。その名称は、取水施設、導水施設、浄水施設、送水施設、配水施設、給水施設となります。

　取水施設：渇水時においても必要な量の原水を確保するために貯水するための施設。河川に設けられるダムや人工的につくられる貯水池などが該当します。

　取水施設：原水を取り入れ荒いゴミや砂などを取り除くための施設。良質の原水を必要な量を取り入れることができるものです。

　導水施設：取り入れた原水を、貯水施設から浄水施設へと送るための施設。必要量の原水を送るためのポンプ、導水管その他の設備。

　浄水施設：原水を水質基準に適合するように沈殿、ろ過、消毒などを行う施設。

　送水施設：浄水池（施設）から配水池（施設）へ必要な量の水を送るための施設。

　配水施設：浄化した水を配水区域内の需要者に必要な水圧で必要な量の配水を行うために施設。具体的には、ポンプや送水管（上水道管）。

　給水施設：配水管から分岐した給水管とこれに直結する給水栓などの給水器具。

第 3 章

給湯設備

　給湯設備は、飲用・調理用と洗面・洗浄・洗濯・入浴用などに用いる湯の場合、上水を加熱することで供給する設備です。役割としては使用用途に沿った適切な温度、流量、水質の湯を適切な圧力で必要箇所に供給します。給湯設備においては、快適に安全に省エネルギーで供給するためにさまざまな工夫が行われます。主な機器装置としては、温水ボイラー、熱交換器、ポンプ、配管、給湯栓などが使用されます。給湯設備の計画においては用途、目的、ライフスタイルなど、使用条件への対応が最も重要な条件となります。

3-1 給湯設備

●局所式給湯

加熱装置と給湯箇所が1対1で対応している給湯方式です。給湯箇所が少ない小規模な建物や、給湯箇所が分散していて、それぞれ使用状況が異なる場合に適しています。具体的には、住宅の台所や事務所の給湯室などの小型ガス給湯器、手洗い洗面台下に設ける小型貯湯式電気湯沸器などがあります。

●中央式給湯

広範囲に存在する複数の給湯箇所に大容量の加熱装置で給湯を行う給湯方式です。ホテルや病院など給湯箇所が多く湯の使用量が多い建物に適しています。大規模貯湯槽から必要箇所まで給湯するため、給湯配管が長くなります。そのため何もしなければ配管部分で放熱してしまい、湯温が下がります。温度を下げないために返湯管を設けて湯を循環させることで、給湯栓を開けばすぐに設定された温度の湯が供給されるようにします。

●セントラル方式

1住戸に1台の加熱装置を設置し、その住戸内の給湯すべてを行う方式が**住戸セントラル方式**です。また、住棟ごとに大型の加熱装置を設置し、住棟の全住戸に給湯を行う方式が**住棟セントラル方式**です。

●配管方式

給湯するための一方向の配管（往管）だけが設置された配管方式が**単管式配管方式**です。コストは安くすみますが、使わない間に配管内の湯温が下がります。また、使用する際にも適温の湯が出るまで配管内の水が無駄になるという欠点もあります。

また、加熱装置と給湯栓の間に返湯管を設けて湯を循環する方式が**複管式配管方式**です。給湯管（往管）と返湯管（複管）が設置されます。湯を使わ

ないときには配管内の湯を加熱装置に戻して加熱しているため、常に適温の給湯を行うことが可能です。

●供給方式

下階に貯湯槽（熱源装置）を設置して、給湯管を下方から上方へ立ち上げて給湯する方式が**上向き供給方式**です。返湯管は上方でまとめて下階の貯湯槽に循環する形になります。

また、上階に貯湯槽を設けて上方から下方へ湯を供給する方式が**下向き供給方式**です。配管内に空気溜まりができないように、空気抜き弁を設置して配管勾配を設けることが必要です。各立て管系統に返湯館を設けないこともできるので、ホテルなど立て管の数が多い場合は経済的となります。

🗩 給水源

飲用水の水源は地表水と地下水に分けられます。

地表水は表流水とも呼びます。河川やダム湖、湖沼など陸地表面に存在する水となります。地下水は伏流水、浅層水、深層水（30m 以上の深さ）、湧泉水など地下に浸透した水です。飲用水の水源にはこれらの水源を単独または併用して用います。その方式は地域の特性に合わせた形が採用されています。

3-2 加熱方式

●直接加熱方式

電気、石油、ガスなどを使用し、ボイラーなどの加熱機器で水を直接加熱して湯をつくる方式を**直接加熱方式**と呼びます。一般的には局所給湯方式で多く採用される方式です。

●間接加熱方式

ボイラーなどで温めた蒸気や温水を熱交換器に通して水を加熱する方式を**間接加熱方式**と呼びます。一般的には中央給湯方式で間接加熱方式を採用します。貯湯槽を設置することで、短時間に多量の湯を使用する場合にも安定した給湯を行うことができます。

❗ 飲用の水

飲用水つまり上水は、日常的に人が飲む水であり安全で安心して飲むことが可能であることが最も大事な条件です。そのため、水道法により水道水質基準項目が定められていて、水道事業者（水を供給する団体）は水質基準を満たした水道水を供給することが義務づけられています。飲用の水とするためには給水源からの水を浄水場などでろ過、塩素消毒した後に上水道を経由して敷地・計画地に配水されます。

加熱機器の能力

●加熱機器

　加熱機器は最近の傾向として、有資格者の必要がない真空式温水機や無圧式ヒーターなどを使用する事例が増えています。また、ヒートポンプ式給湯機などもエネルギー効率の観点から採用も増えています。加熱機器の加熱能力（サイズ）の算定は、局所式給湯方式では、器具の使用予測法および適流量・適温度法により瞬時最大流量を算定して加熱装置を選定します。中央給湯方式では、使用人員から算出した時間最大給湯量を1時間で加熱する能力を持つ加熱装置を選定します。

　給湯機器の容量は使用人数による算定方法と設置器具数による算定方法の2つの方法により算定することができます。

・**使用人数による算定**：

　　　加熱器の加熱能力 =（1日最大給湯量）×
　　　（1日最大給湯量に対する加熱能力の割合）×（給湯と給水の温度差）

・**設置器具数による算定**：

　　　加熱器の加熱能力 =（時間最大給湯量）×（給湯と給水の温度差）

3 -4 給湯設備の設計

●給湯設備

　給湯設備は生活や業務に直結している設備です。そのため使用条件などの想定を行うことが重要になります。給湯場所、湯の用途、利用人員、器具数、給湯管，給湯時間などを想定します。

　また、給湯熱源は電気、ガス、灯油などの選択肢があります。建築物の特性により給湯方式を調整します。湯や加熱装置など安全性を重視した設計も必要です。ある程度の規模の施設であれば、全体を中央式給湯方式とし、離れた部分の給湯を局所式給湯とするのが最も多く採用されている方式です。

　給湯量は、一般的に夏期よりも冬期が多く、医療施設では休日より平日の使用量が多く、住宅やリゾートホテルでは、休日のほうが使用量は多くなります。給湯設備の計画を行うために、湯の使用量から給湯負荷を検討し、給湯システム、機器容量、管径を想定します。

- **与条件の設定**：給湯箇所・数、用途、建物利用人数、器具数、給湯時間、給湯量
- **給湯熱源の選定**：電気、ガス、灯油、その他
- **給湯方式**：建物の規模や、用途により選定
- **局所・中央方式の検討**：どちらかの選定だけではなく、場所での選定
- **給湯量の算定**：日給湯量、時間最大給湯量
- **配管の選定**：配管への加熱による伸縮を考慮して継手を設置
  金属配管は化学反応による腐食も考慮して電気絶縁用継手を使用
- **安全面の検討**：加熱された水の膨張を考慮。貯湯槽からの湯には膨張タンクで対応。ボイラーには安全弁、給湯配管には自動空気抜き弁を設置

表 3-4-1　設計時における想定給湯量

建物種類	年間平均1日給湯量	ピーク時給湯量	ピーク継続時間
住宅	150 ～ 250 L/(戸·日)	100 ～ 200 L/(戸·h)	2h
集合住宅	150 ～ 250 L/(戸·日)	50 ～ 100 L/(戸·h)	2h
事務所	7 ～ 10 L/(戸·日)	1.5 ～ 2.5 L/(戸·h)	2h
ホテル客室	150 ～ 250 L/(戸·日)	20 ～ 40 L/(戸·h)	2h
総合病院	2 ～ 4 L/(㎡·日)	0.4 ～ 0.8 L/(㎡·h)	1h
	100 ～ 200 L/(床·日)	20 ～ 40 L/(床·日)	1h
飲食施設	40 ～ 80 L/(㎡·h)	10 ～ 20 L/(㎡·h)	2h
	60 ～ 120 L/(席·日)	15 ～ 30 L/(席·日)	2h

出典：空気調和・衛生工学便覧 第 14 版、第 4 巻、空気調和・衛生工学会、2010 年

 仮想水

　仮想水とは、食料を輸入する国（消費国）において、その輸入食品を生産する場合、どの程度の量の水が必要となるかを推定したものです。ロンドン大学のアンソニー・アラン教授が提案した概念です。牛肉を例にすると1kg を生産するために 20,600L（環境省）の水が必要と考えられます。この考え方では、日本が食料を輸入することで生産に必要な水を国内では使用しないで生活を維持しているということになります。

3-5 給湯における注意事項

●配管の伸縮

　給湯配管は湯温の変化により管径と長さが伸縮します。この伸縮を吸収するために直管部では伸縮継手や伸縮曲管を使用します。器具に近くて短い部分はフレキシブル管を用いて対応します。伸縮継手は配管の伸縮時の応力に対応するため、建物側に固定します。固定の際には、きしみ音対策としてゴムなどを巻いて固定するようにします。

●配管の保温

　配管の熱損失を減らし、湯温が下がらないように配管に保温材を巻きます。素材はグラスウール、ロックウールの保温材です。

●やけど

　火傷などの対策として、高温の温水に直接利用者が触れることがないように注意します。シャワー・浴室の混合栓はサーモスタット付きが安全です。また、給湯機は自動湯温安定式の機器が安全です。

●逃し弁

　貯湯槽など圧力容器の内部圧力が許容される最高使用圧力を超えた場合に、湯を排出して容器内部の圧力を下げるための装置です。

●逃し管（膨張管）

　加熱装置の電熱面積により最小内径が規定されています。所定の寸法の逃し管を膨張水槽まで立ち上げて解放します。

●膨張水槽

　給湯システム内の膨張水量を吸収するために膨張水槽を設置して対応します。大気に解放されたタイプの**開放型膨張水槽**と解放しない**密閉型膨張水槽**の2種類があります。

●中央式給湯方式における計画上の留意点

①加熱機器・貯湯槽は交換を想定し、搬入・搬出しやすい場所を設定し、できれば、故障・点検に備えて2基設置が望ましい。

②返湯管の長さは、短くなるように計画する。

③給湯管と返湯管は、湯温を保持するために配管全体が均一に湯が循環するように計画する。湯が滞留すると、レジオネラ属菌が繁殖する可能性があるためである。

④給湯循環ポンプは、返湯管の貯湯槽近くに設ける。流量が過大にならないように注意が必要。理由は、過大な流量で返湯管に腐食（潰食）が発生することがあるためである。

⑤水中の気泡を大気に放出してから、給湯するように計画する。理由は、配管内の気泡は、湯の流れを阻害したり、水栓から気泡が噴出して飛散したりと、配管の腐食の原因になるためである。

●局所式給湯方式における計画上の留意点

①給湯器具数、機器の給湯量などから、瞬間最大給湯量を算出し、給湯能力を決定する。

②局所式では瞬間式加熱機を用いる場合が多く、そのサイズは瞬時最大流量を瞬間的に加熱する能力により決定する。

●瞬間湯沸器（給湯器）の号数

　号数とは、水温を25℃上昇させた湯を1分間に出湯する量（L）のことです。例えば、24号とは1分間に24（L）のお湯を出湯できます。

3-6 エコキュート

●エコキュート（家庭用ヒートポンプ給湯器）

エコキュートは冷媒としてCO_2を用いたヒートポンプユニットにより、大気から熱を集め、その熱を利用して給湯する給湯器です。しくみは、ファンで空気を取り込み、低温の冷媒（CO_2）がその空気から熱を回収します。冷媒はコンプレッサーで圧縮されることにより 110 ～ 120℃の近くの高温になります。この熱を利用して水を温めるしくみになっています。冷媒にCO_2を用いており環境へのインパクトが少ない機器です。

また、お湯をつくる際のエネルギーの約 2/3 を空気から回収するため電力消費は約 1/3 となり、大きな省エネ効果もあります。装置の構成としては、熱発生の役割を持つヒートポンプユニットと湯を貯める貯湯ユニットで構成されます。安価な夜間電力を使用して、夜間にお湯（60 ～ 90°C）をつくり貯湯するしくみです。

ヒートポンプ給湯器は燃焼式加熱器と比較して一次エネルギーにおいて 30 ～ 40% の省エネ効果があります。CO_2排出量は発電時のCO_2排出量を考慮しても燃焼式加熱器の約 50% となるため環境負荷の低減にも大きな効果があります。

3 -7 エコジョーズ

●エコジョーズ（省エネ高効率給湯器）

　エコジョーズは少ないガス燃焼で効率よく湯を沸かす給湯器です。しくみは、ガスを燃焼させ、その熱で一時熱交換器内を通過する水を温水にします。その際の排気（200 ～ 230℃）を活用して二次熱交換器で水の予備加熱に使用します。

　二次交換器であらかじめ温められた水が一次交換器に送られるため少ないエネルギーで湯を沸かすことができます。従来型のガス給湯器は熱効率が約 80% であり、エコジョーズは熱効率が約 95% に向上しています。ガスの使用量は約 13% の削減となります。さらに、CO_2 の削減も行うことができます。

図 3-7-1　エコジョーズ

3-8 エコフィール

●エコフィール（高効率石油給湯器）

　エコフィールは灯油ボイラーにおいて排気熱を有効利用することで熱効率を上げることで、少ない灯油でお湯を沸かす給湯器です。排気熱の再利用により熱効率は約95%まで高くなっています。

　排気熱を利用しているため排気温度も約200℃→約60℃に下がりました。貯湯タンクが必要ないため、コンパクトなサイズとなります。灯油を使用する温水式床暖房やパネルヒーターなどの暖房器具がある場合、ランニングコストが下がります。灯油タンクを設置して、灯油を定期的に補給しなければならないことが注意点です。

図 3-8-1　エコフィール（屋外据置型）

3 -9 給湯温度

●給湯温度

給湯は水を加熱機器で加熱して湯にします。湯の温度は60℃で供給し、使用目的に合わせて水を混ぜて適温にして使用します。そのため給水される温度により使用する湯の量も変わってきます。

表 3-9-1　給湯用途別使用温度

使用用途		使用適温（℃）	適流量（L/min）
食器洗浄	普通吐水	39.0	7.5
	シャワー吐水		5.0
洗顔		37.5	8.5
洗髪		40.5	8.0
入浴		40.5	—
手持ちシャワー		40.5	8.5
壁掛けシャワー		42.0	13.0

出典：空気調和・衛生工学便覧 第14版、第4巻、空気調和・衛生工学会、2010年

表 3-9-2　日本各地の給水温度

地点	1月	2月	3月	4月	5月	6月	7月	8月	9月	10月	11月	12月	平均
旭川	2.6	1.9	2.0	3.7	9.0	13.5	17.5	19.3	17.5	12.8	8.1	4.4	9.4
札幌	4.0	3.7	3.5	4.0	7.1	10.8	14.8	18.1	17.8	14.7	9.4	6.4	9.5
根室	5.9	5.3	4.8	5.6	8.0	10.6	13.0	15.4	16.1	14.5	11.0	7.5	9.8
室蘭	5.0	4.9	5.9	6.5	10.7	13.8	16.1	18.1	17.3	13.7	11.2	6.1	10.8
秋田	6.9	6.2	5.8	8.7	14.8	18.5	23.7	26.1	23.1	18.6	12.3	8.6	14.4
盛岡	3.9	3.6	4.3	8.1	12.5	18.2	19.9	22.6	20.5	17.0	12.3	6.4	12.4
仙台	8.0	6.6	8.0	10.3	14.2	17.6	21.8	23.7	22.7	20.2	16.5	11.7	15.1
福島	5.7	5.3	7.2	11.0	17.0	20.7	24.7	27.0	24.5	18.7	15.0	8.5	15.4
宇都宮	9.0	8.3	10.0	13.4	17.7	20.7	21.8	26.3	24.5	21.6	15.7	12.3	16.8
桐生	10.1	8.5	10.0	13.2	16.4	21.1	22.5	25.3	24.5	20.8	16.8	12.3	16.8
東京	8.4	7.8	10.4	15.3	20.4	23.0	26.2	28.8	26.4	21.4	16.2	11.2	17.9
松本	4.7	4.6	5.6	8.1	14.1	18.0	20.0	22.2	21.6	18.6	12.3	8.4	13.2
静岡	13.1	12.8	13.1	13.9	15.3	18.2	21.0	21.4	22.5	20.6	17.5	15.0	17.0
名古屋	9.3	8.5	10.4	13.7	18.3	20.8	23.2	26.4	25.6	22.5	17.4	12.9	17.4
新潟	4.7	4.5	5.8	8.4	15.3	18.8	23.1	27.2	24.4	20.0	14.6	8.4	14.6
富山	5.8	5.9	6.9	10.9	14.5	16.7	19.3	23.8	22.8	19.7	14.8	9.4	14.2
大阪	8.4	8.8	12.1	16.0	21.6	24.3	27.1	28.8	26.7	20.3	15.6	12.4	18.5
広島	8.2	7.7	10.3	12.6	19.6	23.5	24.0	27.3	25.7	20.8	17.6	12.0	17.4
米子	12.6	7.3	10.3	11.9	15.5	19.8	19.9	25.0	23.9	21.9	19.3	13.5	16.7
高松	8.1	8.5	10.2	12.7	18.5	22.8	25.4	28.1	26.9	22.7	17.4	10.9	17.7
高知	12.2	11.6	13.3	16.8	20.0	21.3	25.4	26.4	25.5	23.0	19.2	16.1	19.2
福岡	9.9	8.5	10.4	14.0	18.3	21.3	22.8	25.5	24.4	21.8	16.9	12.6	17.2
熊本	17.6	17.6	18.3	19.3	20.8	20.0	20.9	21.6	20.1	20.0	19.0	18.3	19.5
鹿児島	10.9	12.4	12.7	17.2	19.8	21.3	25.5	25.2	25.4	22.5	18.7	14.4	18.8
那覇	21.0	19.7	20.5	22.3	24.2	26.6	29.0	28.9	28.6	27.6	25.7	23.3	24.8

給湯管径の算定

●給湯温度

給湯管に流れる湯の瞬時最大流量と、その配管での許容圧力損失により流量線図から管径を決定します。決定する際には管内流速が許容流速の範囲内に収まるように管径を太く調整して適正サイズを決定します。管径の算定には給湯負荷を計算し、その管を流れる**瞬時最大流量**を算出します。これをもとに流量線図から適切な管径を選定します。

●給湯負荷算定

給湯負荷は器具数をもとに算出する場合、給水と同様に算出されますが、実際は湯の供給量は水と混合されるため少なくなります。一般的には給湯負荷は給水で算出された負荷の 3/4 程度とされます。

⚠ 消毒塩素

水道水は飲用を目的としています。飲用に適する状態を保持するため、そして病原性微生物の殺菌消毒などを目的として塩素が注入されています。そして、住宅の水栓においても安全に飲用に使用できるように上水中に塩素が含まれています。この塩素を残留塩素と呼びます。塩素の役割としてはろ過で除去しきれない細菌を除去することや有機物、アンモニア態窒素などの分解、異物臭などの除去効果などもあげられます。微生物の種類によっては塩素などの消毒効果が出にくいものがあります。

●給湯温度

瞬間湯沸器に関しての想定および計算式は、以下のようになります。

・出湯温度：

冬期：給水温度5℃の場合、＋25℃　すると30℃

夏期：給水温度20℃の場合、＋25℃　すると45℃

・出湯温度：

冬期：給水温度5℃の場合、24号給湯器で加熱

24（L）× 25（℃）÷（45（℃）− 5（℃））= 15（L／min）

1分間に15（L）給湯されます。

夏期：給水温度20℃の場合、24号給湯器で加熱

24（L）× 25（℃）÷（45（℃）− 20（℃））= 24（L／min）

1分間に24（L）給湯されます。

・号数の計算：

号数 = W（th − tc）/ 給湯時間（min）× 25

W：必要湯量（L）

th：湯温（℃）

tc：給水温度（℃）

・号数から給湯量（L／min）の計算：

給湯量（L／min）= 号数× 25 / th − tc

・号数から給湯所要時間（min）の計算：

給湯所要時間（min）= W（th − tc）/ 号数× 25

第 4 章

排水設備

　排水設備は衛生器具などの排水口から下水道の下水管へと
つながる公共桝（公設桝）までの区間もしくは浄化槽を経由
して敷地外の側溝までの区間を指します。また、匂いや害虫
防止のための排水トラップや通気設備などの付属設備も含ま
れます。

4 -1 排水設備

●排水設備

排水設備は個人や事業場が所有する土地、建物から発生する排水を公共下水道または公共用水域に排出するために必要な施設です。設置や維持管理に関しては個人または事業場が行うことになります。しかし、その構造や機能が適正でないと、公共下水道が目的としている都市の健全な発達および公衆衛生の向上に寄与し、公共用水域の水質の保全を行うことはできません。

下水道法や建築基準法などの法令や条例などで排水設備の性能、設置について規定されています。排水設備は計画地内に設置されるものですが、目的や役割は公共下水道と同様です。排水設備の設計・施工に際しては関係法令に定められた技術上の基準に従って適正に行うことが必要です。

●排水の定義

排水とは建物およびその敷地内で生じた汚水、雑排水、雨水、湧水、特殊排水など除害する水の総称です（表4-1-1）。それぞれの定義は以下のようになります。

・**汚水**：人体からの排せつ物、特にし尿を含む排水、大小便器およびこれに類する汚物流しなどの器具から排出する排せつ物、紙などの固形物を含む排水です。
・**雑排水**：汚水、雨水、湧水、特殊排水を除いた一般的な排水をいいます。台所からの排水などです。
・**雨水**：屋根および敷地に対する降雨による水です。
・**湧水**：建物の地下外壁、床からの浸透水です。
・**特殊排水**：病院、研究所、工場などの施設から出る特殊な薬液、危険性のある細菌、放射能などを含んだ排水です。

表 4-1-1　排水の種類

	名称	内容	用途・発生器具	下水道法
排水の種類	汚水	排泄物を含む排水	一般建物の大・小便器、汚物流しなど	汚水
	雑排水	汚水以外の一般排水	一般建物の流し、洗面器、浴槽など	
	特殊排水	特別な排水処理を要する排水	病院、研究所、工場、ゴミ処理場などの排水器具	
	雨水	降水、湧水、散水時の排水、雪解け水、その他の自然水	雨樋、ルーフドレン、雨水排水溝	雨水

💬 汚水混入事故

　平成 6 年、平塚のビルで受水槽に汚水槽の汚水が流入し、クリプトスポリジウムによる集団下痢症が発生しました。約 740 人の利用者のうち約 460 人が発症し、5 人が入院し、そのうち 2 名が死亡しました。平成 8 年、埼玉県越朱町において、上水道にクリプトスポリジウムが広がり、全町民 13,800 人のうち 8,800 人が発症しました。原因は、浄水上の上流に浄化槽・農業集落・排水処理施設が稼働しており、これらの処理水が混入したためです。

4-2 排水設備の主な用語

●枡

排水管の合流部や湾曲部、勾配の変化点に設置します。点検、掃除を行うための施設であると同時に区分点としての役割もあります。

●トラップ

排水管の途中に設置して、排水管内の悪臭や害虫が衛生器具の排水口を通過して室内に侵入することを防ぐ器具や装置もしくは構造です（図4-2-1）。阻止機能において水を用いて行うタイプを**水封式トラップ**と呼びます。また、この水のことを**封水**または**水封**と呼びます。

図 4-2-1　トラップ（断面）

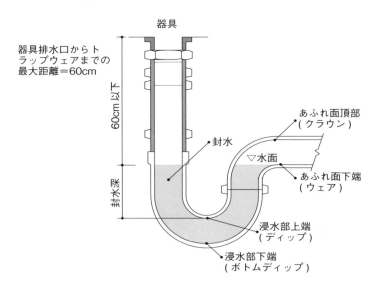

器具

器具排水口からトラップウェアまでの最大距離＝60cm

60cm以下

封水深

封水

▽水面

あふれ面頂部（クラウン）

あふれ面下端（ウェア）

浸水部上端（ディップ）

浸水部下端（ボトムディップ）

●阻集器

排水中に含まれる有害物、危険物質、望ましくない物質、または再利用できる物質の流下を阻止し、分離・収集・除去するための装置です。阻集する対象に合わせてグリース阻集器、オイル阻集器、プラスタ阻集器、毛髪阻集器などがあります。トラップ構造になっている場合は二重トラップにならないように注意する必要があります。

●二重トラップ

禁止事項の1つです。内容は1つの排水系統に直列に2つ以上のトラップが設置されることです。ただし、各トラップの間に十分な通気管が設置されている場合は二重トラップとはいいません。二重トラップになるとトラップ間の配管内空気が密閉され、排水の流れが悪くなり、大きな圧力変動を起こす恐れがあるため禁止されています。

●間接排水

排水口空間または排水口解放などにより排水を行う方式です。機器内への逆流などで内部が汚染されることを防止する目的で用いられます。給水槽や水飲み器などに用いられています。

●通気管

排水管の管内圧力を下げることを目的として、管内に空気を入れるために設置する配管の総称です。トラップの封水を守り、排水管内の換気を行う役割も果たします。

● 跳水現象

跳水は水の流れで起こる現象です。排水立て管から排水横管に排水が流入する際に、排水の流入速度が減じられ水深が部分的に増加して満水になってしまう状態を**跳水現象**と呼びます。

●ブランチ間隔

排水立て管に接続している各階の排水横枝管または、排水横主管の間の垂直距離が2.5（m）を超える排水立管の区間です。ブランチ間隔は排水立て管の管径を決める際に使用します。

●排水管勾配

排水を確実に行うために、建物内の排水管の勾配がSHASE（空気調和・衛生工学会規定）により定められています（表4-2-1）。また、排水管の水平方向の施工の基準として、建物内部では1/50以上、建物外部では1/100以上で施工されます。

表 4-2-1　排水横枝管の勾配

管径 (mm)	勾配
65 以下	1/50 以上
75 ～ 100	1/100 以上
125	1/150 以上
150 以上	1/200 以上

●ディスポーザー排水システム

家庭などから発生する生ゴミをディスポーザーで粉砕したディスポーザー排水を排水処理部で処理し、下水道に流入させる排水処理システムです。構成はディスポーザー本体、排水配管、排水処理槽となります。排水は排水処理槽にて浄化されてから下水道に排水されるしくみです。このシステムの採用は下水道を整備している自治体の基準を確認し、指導を含めて十分検討を行う必要があります。

●取付管

計画地で出される排水を宅地内排水設備で流下し、公共下水道本管または水路へ流入させるために敷設された管です。

4-3 排水設備の設計

排水設備は施工性などと同時に維持管理を考慮した計画とします。必要な箇所には作業がしやすい掃除口を設置します。また、耐震性にも配慮が必要です。

●与条件の整理

用途、規模、敷地の状況、使用箇所の種別、排水放流先の状況、公共下水道の状況などを確認します。

●法規制の確認

排水の規制・処理、排水の再利用、雨水利用など規制内容を確認します。

●全体計画の確認

排水方式の検討、公害対策、省エネ方針、施工性、維持管理などの検討を行います。

●排水量の確認

排水量・雨水量・排水槽容量などの確認を行います。

●図面の作成

排水・通気設備、排水槽、排水処理装置、施設などの作図を行います。

図 4-3-1　排水設備の設計

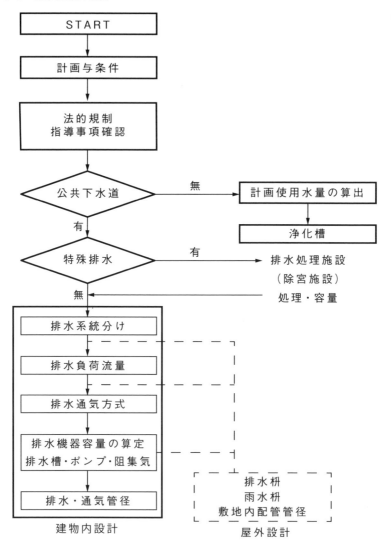

下水道排水設備工事責任技術者

●指定工事店

　下水道排水設備工事責任技術者とは、下水道の排水設備工事の設計、施工などに関して技能を有するものとして、都道府県などの地方自治体が実施する試験に合格して責任技術者名簿に登録した人です。排水設備の新設などの工事は指定工事店でなければ実施することができません。この指定工事店には、下水道排水設備工事責任技術者が専属している必要があります。排水設備の新設だけではなく、すでに設置された排水設備のメンテナンスや撤去なども行います。

図4-4-1　パリの下水道

提供：CC BY 4.0

4-5 排水設備の検討事項

●排水設備計画

　排水設備は建築設備ですが外部インフラの下水道などに接続する設備でもあります。そのため、下水道の状況により排水設備計画が大きく変わります。事前の調査が重要なポイントになります。

●公共下水道の有無および下水道の排除方式の確認

　排水設備の計画において、計画地域の下水道状況は最も重要な調査事項の1つです。下水道がない場合は、浄化槽が必要になります。下水道が整備されている地域では、汚水と雨水を分けて排除する分流式か合わせて排除する合流式かの確認が必要です。

●工事区分

　排水設備においては建物内と外部を区分して工事を行います。区分点は建物外壁から約1mの位置としています。排水枡を設けて区分点とします。

●高さの基準

　排水設備における高さの基準は、下水道への放流レベルが基準となります。放流レベルから低い部分が地下、高い部分が地上という扱いです。建築工事の基準高さであるGLとは違うことに注意が必要です。そして、地上排水では重力式の排水を行い、地下排水では機械式排水（ポンプを用いる）を行います。地下の場合は排水槽にいったん排水を貯留し、排水ポンプにて排水という形になります。

●排除方式名称の注意

　合流式・分流式という名称は、建物内で使われる場合と下水道において使われる場合で内容が異なるので注意が必要です。建物内の排水方式における

合流式では、汚水と雑排水を同一の系統で排除する方式です。下水道における**合流式**は汚水（建築の分類では汚水＋雑排水）と雨水排水を合わせて排除する方式になります。建物内の排水方式における**分流式**とは汚水と雑排水を別々に排除する方式ですが、下水道においては汚水（建築の分類では汚水＋雑排水）と雨水を別々に排除する方式のことになります。

表 4-5-1　排除（排水）方式の比較

排除（排水）方式	敷地内の排水種類	敷地外（公共下水道）の排水種類
合流式	汚水 ＋ 雑排水	汚水 ＋ 雑排水＋雨水
分流式	汚水	汚水 ＋ 雑排水
	雑排水	雨水

●排水系統分け

排水系統を用途などにより単独系統にすべき区分を次に示します。

阻集器
- ・厨房系統
- ・駐車場、洗車場、自動車の修理工場系統
- ・洗濯室
- ・歯科、外科などプラスタ使用系統
- ・ビン詰機械装置系統
- ・屠殺および肉仕分け室系統

特殊排水系統
- ・酸、アルカリ、溶剤などの排水
- ・RI（Radio Isotope）を排水

その他
- ・大規模な浴室
- ・水飲み器、ウォータークーラーなど間接排水系統

排水・通気配管

●排水管・通気管

排水管・通気管は設置位置や用途に応じて名称が定められています。各名称とその内容を紹介します。

- **排水立て管**：垂直な排水管です。役割として排水枝管・排水横枝管など横方向からの排水を縦に流します。排水を下部の排水横主管に導いています。
- **排水横枝管**：同じ階の各器具の排水を排水立管に導く排水横管です。水平に対して45度以内で配管される排水管。
- **排水横主管**：排水立管からの排水を敷地排水管に導くための排水横管。
- **器具排水管**：衛生器具に付属または内蔵するトラップに接続する排水管です。トラップから他の排水管までの間の配管。
- **通気立管**：排水立管の最下箇所から通気用に単独で立ち上がる配管。
- **伸頂通気管**：通気立管を設けずに、排水立管の頂上を延長した配管を通気管として用いる方式。延長した排水管は屋上部などから大気に開口するか、大気への開口部に繋がる通気横主管に接続します。
- **ループ通気管**：端末排水器具1個目と2個目の間に設置する通気管。
- **各個通気管**：排水器具ごとに取付ける通気管。
- **逃し通気管**：排水横枝管と排水立管の手前で接続する通気管。
- **結合通気管**：排水立管と通気立管とを接続する通気管。

4-7 雨水排水

●雨水流出抑制施設の役割

雨水は下水道に排除する形で排除を行います。しかし、都市型の洪水や短時間の集中豪雨などが発生する状況と国土交通省の総合的治水政策などにより各自治体で対策が講じられています。具体的には、計画地に雨水流出抑制施設の設置を指導しています。雨水流出抑制施設の役割は、雨水を一時的に貯留し流出のピークの時間をずらすことで、雨水を敷地内で地中に浸透させて流出量を減らすと同時に地下水を増やすことを狙っています。

●雨水流出抑制施設の例

雨水流出抑制施設の例を以下に示します。

- **貯留式**：雨水貯留槽・雨水調整池。
- **浸透式**：雨水浸透枡・雨水浸透管・雨水浸透トレンチ・浸透性舗装。

⚠ 化学物質の混入

　平成13年1月、長野県営水道において、クレゾールおよびジクロロクレゾールによる異臭により、飲用制限。水道原水に混入。仮設導水管として農業用排水路を利用しており、水源もしくはこの導水部で混入したものと考えられますが詳細は不明です。

　平成14年3月、滋賀県信楽町水道において、フェノール類(0.153mg/l検出)による異臭を発生（最大3300戸）。10日間の断水。化学工場からの漏出。表流水の河川法無許可取水であったこともあり、そもそも河川管理者などが表流水取水の認識がなかったこと。当然のことながら関係機関との連携が皆無でした。

排水管の原則

排水管の管径は次に示す基本原則を守り、同時に排水負荷流量を計算して決定します。

●排水管の管径

器具排水管の管径は各器具トラップ口径以上とし、かつ 30mm 以上とします。衛生器具の器具トラップの口径は表を基準としています。**排水管**は立て管、横管共に排水の流下方向に向けては管径を縮小しません。**排水横枝管**の関係は接続する衛生器具、トラップの最大口径以上とします。**排水立て管**の管径はこれに接続する排水横枝管の最大管径以上とし各階においても建物最下部の管径と同一管径とします。地中、地下階の床下に埋設する排水管の管径は 50mm 以上が必要です。

●厨房排水

厨房からの排水には油分が多いため管内にグリースなどが固着します。管の断面が小さくなってしまうので算出した管径より太いものを選定します。

●算出方法

排水管の管径を決定するためには、定常流量法と器具排水負荷単位法により管径を算定します。この算定した管径と上記の基本原則を満たしていることを確認します。

4-9 排水通気設備の設計

排水通気設備の設計は法令に定められた排水設備を設置します。

●計画与条件

建物の用途、規模、敷地状況、水の使用箇所、排水放流先公共下水道の有無確認、地域の規則などを確認します。

●法的規制・指導要項

排水の規則などの有無、排水再利用、雨水利用などを確認します。

●公共水道

公共下水道の有無を確認し、なしの場合は、放流先の水質基準を確認し浄化槽を検討します。ありの場合、排水の種類に直接下水道に放流できない有害物質を含む特殊排水の有無を確認します。

●排水の排除

排水の排除には、建設場所、排水の水質、下水道の種類など制約を受けます。排除にあたり、敷地条件、建物用途に応じて、重力式排水と機械式排水で区分します。排水通気系統区分を明確にし、排水負荷の算定を行い、あわせて排水通気方式と管径、排水槽、排水ポンプなどの機器容量を決めます。敷地の屋外部分の排水を下水道の種類に応じて、雨水排水を他の排水と分流、または合流させます。これにより、敷地から最終的に排除される排水の数量が明確になり、排水管の管径が決定します。

4 -10 排水管径の算出

●器具排水負荷単位法

①排水管に設置される衛生器具の排水負荷単位を器具ごとに表4-10-1から求める。

②排水配管の区間ごとに器具排水負荷単位数を合計する。

③合計した排水負荷単位数から排水横枝管および排水立て管の管径、排水横主管の管径は表4-10-2より許容最大排水負荷単位数を満たすように選定する。

④3階を超える排水立て管径において、1ブランチ間隔に属する排水横枝管の器具排水負荷単位数は、排水立て管の許容最大排水負荷単位数の1/2を超えないことを確認する。

⑤確認した管径が原則に従っているかを確認して最終決定する。

●定常流量法

排水管に流れると想定される流量を計算し、それより大きい許容流量を有する管径を選定する方法です。

①設置する衛生器具群の平均排水流量 Qd と器具排水量 W を表4-10-3から求める。

②器具の平均排水間隔 $T0$ を表4-10-4から求める。

③排水管の定常流量 $Q= \Sigma (W/T0)$ を計算する。
器具1個あたりの $q = W/T0$ を計算して合計する。

④代表器具の器具平均排水流量 Qd を選定します。原則として全種類の Qd のうち最大の器具とする。

⑤上記③で算出した Q と上記④で選定した Qd を用いて排水管選定線図より排水負荷流量 QL および管径 D を求める。

表 4-10-1　排水負荷単位

管径 (mm)	器具排水負荷単位			
	排水横枝管	高さ3階までの排水立て管	高さ3階を超える排水立て管	
			器具排水負荷単位の合計	1階分の排水単位の合計
30	1	2	2	1
40	3	4	8	2
50	6	10	24	6
65	12	20	42	9
75	20	30	60	16
100	160	240	500	90
125	360	540	1100	200
150	620	960	1900	350
200	1400	2200	3600	600

出典：よくわかる最新給排水衛生設備の基本と仕組み 第2版、土井巌、秀和システム、2019

表 4-10-2　許容最大排水負荷単位

管径 (mm)	許容最大排水負荷単位							
	配管勾配							
	1/200		1/100		1/50		1/25	
	実用	NPC	実用	NPC	実用	NPC	実用	NPC
50					21	21	26	26
65					22	24	28	31
75			18	20	23	27	29	36
100			104	180	130	216	150	250
125			234	390	288	480	345	575
150			420	700	504	840	600	1000
200	840	1400	960	1600	1152	1920	1380	2300
250	1500	2500	1740	2900	2100	3500	2520	4200
300	2340	3900	2760	4600	3360	5600	4020	6700
375	3500	7000	4150	8300	5000	10000	6000	12000

出典：よくわかる最新給排水衛生設備の基本と仕組み 第2版、土井巌、秀和システム、2019

表 4-10-3　平均排水流量と器具排水量

器具		トラップ口径 (mm) 注3	器具排水量 w (L) 注1	器具平均排水流量 qd (L/s)
大便器	普通型	70 または 100	サイホンゼット・サイホン・ブローアウト 15	1.5 (サイホンゼット 2.0)
			洗い出し・洗い落し 11	
	節水型 注2	75	サイホンゼット・サイホン 13	
			洗い出し・洗い落し 8	
小便器	小型	40	4～6	各個洗浄 0.5
	大型	50		自動洗浄：同時洗浄個数 x0.5
洗面器	小型	30	ため洗い 5	1.0
	中型	30	ため洗い 7	
	大型	30	ため洗い 8	
			流し洗い 3	0.3
手洗器		25	3	0.3
手術用手洗器		30	20	0.3
洗髪器		30	40	0.3
浴槽	和風	30	190～230～250	1.00
	洋風	40	90～140～180	
シャワー		50	50	0.3
調理流し		40	50	ため洗い 2.0
				流し洗い 0.3
掃除流し		65	40	ため洗い 2.0
				流し洗い 1.0
洗濯流し		40	40	ため洗い 1.0
				流し洗い 0.3
汚物流し		75 または 100	15	2.0
実験流し		40	40	0.3

注1 この排水量は、設計用の標準値であり、必要最小量ではない。
注2 排水量を減じてし湯する場合は、配管に適切な措置を講じたうえで、その水量を器具排水量として使用する。
注3 トラップ口径は mm 表示とする。
出典：給排水衛生設備計画設計の実務の知識 改訂4版、空気調和・衛生工学会、2017

表 4-10-4　平均排水間隔

器具種別	集中利用形態	器具平均排水間隔 T0（s）											
		任意利用形態（1箇所に設置される器具数 NF 個）											
		1	2	3	4	5	6	7	8	9	10	11	12
女子大便器	60	400	280	220	190	170	150	140	140	130	130	120	120
男子大便器	200	600	600	600	600	560	510	480	480	440	420	400	390
小便器（各個洗浄）	35	240	160	130	110	100	90	85	80	75	75	70	70
洗面器	25	170	120	90	80	70	65	60	55	55	50	50	50
小便器（自動洗浄）	T0=180～900（平均600） T0 は洗浄頻度に応じて、設計者の判断により 180～900s の間で決定												
浴槽	T0=1800												
シャワー	T0=300												
その他の器具	T0=60：極めて頻繁に使用される器具の場合 T0=300：かなり頻繁に使用される器具の場合 T0=600：極めて頻繁に使用される器具の場合												

出典：給排水衛生設備計画設計の実務の知識 改訂4版、空気調和・衛生工学会、2017

 水道の条件「導管」

　水道は水を飲用に適するものとして供給するものであり、外部からの汚染を防止し、その供給を安定的に行うためには導管を用いて有圧で供給することが最も望ましいです。水道においては導管の使用は絶対条件であり、これが用いられない場合は水道ではないとされています。臨時に設けられたものは除かれます。

4-11 排水管

●屋内に使用する排水管

　屋内に使用する排水管の管種は設置場所の状況、排水の水質などを考慮して鋳鉄管、鋼管などの金属管、プラスチックなどの非金属管や複合管などを用います。地中埋設部分には建物や地盤の不同沈下による応力や土壌による腐食の可能性があります。そのため排水性、耐久性、耐震性、経済性、施工性を考慮して管種を選定します。

　主な用途と管種の組み合わせは以下のようになります。

- **給水・給湯・排水用**：塩化ビニル管
- **給水・給湯用**：鋼管・ライニング鋼管・銅管・ステンレス管・樹脂管
- **排水用**：鋼管・ライニング鋼管・塩ビ管・耐火二層管・鋳鉄管

図 4-11-1　床排水管の施工

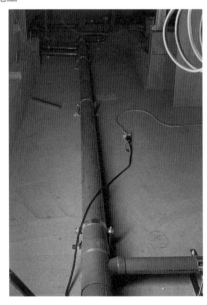

図 4-11-2 排水管および排水溝周りのコンクリート打設前

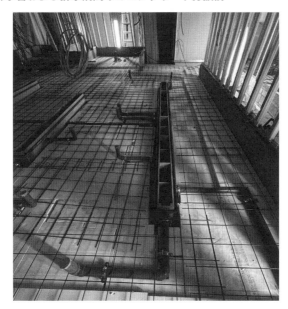

図 4-11-3 床給排水の施工

排水トラップ

●目的

排水管へ直結する器具には**排水トラップ**（以後はトラップ）を設けます。目的としてはトラップの封水機能により排水管、公共下水道などから、ガス・臭気・衛生害虫が器具を通じて屋内に侵入することを防止することがあげられます。

●必要な構造

トラップはその役割を果たすためにしっかりとした構造と施工、設置上の注意があります。以下の項目がトラップに関しての必要な構造です。

①封水が破られにくい構造であること。

②汚物が付着しにくく、排水時に排水により自己洗浄作用を有すること。

③封水の深さを保つ構造は可動部分の組み合わせや内部仕切板などによるものではないこと。

④封水深さは5cm以上10cm以下として封水が失われにくいものとする。

⑤器具トラップは封水部分の点検が容易かつ掃除しやすい場所に掃除口を設けること。

⑥器具トラップの封水部の掃除口はネジ付き掃除口プラグおよび適切なパッキングを用いた水密な構造とする。

⑦耐久性、非吸水性で表面が平滑な材質とする。

⑧凍結防止の保温にも配慮する。

⑨器具の排水口からトラップウェア（あふれ面下端）における垂直距離は60cmを超えてはならない。

⑩二重トラップにならないようにする。

●トラップの種類

トラップの種類（図 4-12-1）、トラップの破損（図 4-12-2）を示します。

図 4-12-1　トラップの種類

P トラップ
多く使用されている。通気管
を設置すると水封が安定する。

S トラップ
多く使用されている。サイホン
効果を起こしやすいので原則的
に採用しないほうがよい。

U トラップ
横走配管の中間に用いられるが、配管内
の流れを阻害することがある。

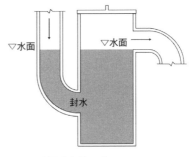

ドラムトラップ
水封部分が胴状の形なので、管タ
イプのトラップよりも多くの封水
を蓄えられるので、水封が破られ
にくい。自己洗浄作用がなく沈澱
物が溜まりやすい。

ベル（椀）トラップ
シンクや床排水などに採用されて
いる。中の椀型金物を外すとトラッ
プ機能がなくなる。封水がきれな
いように注意が必要。

図 4-12-2　トラップ破損

自己サイホン作用

封水あり

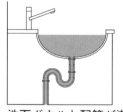

洗面ボウルと配管が満水状態から、勢いよく排水します

流れ出る排水と一緒に封水も流れることをいいます

はね出し作用　　　　　吸出し作用

蒸発作用　　　　　毛管現象

封水の蒸発

髪の毛などが封水を流出させる

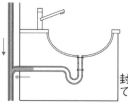

封水が引かれ流れてしまう

●トラップの主な用語

- **封水**：水を貯めることでつくられた栓。室内側と排水管側の間に設けて遮断します。ガスや臭気、害虫が室内に入ることを防止します。
- **封水深**：封水深トラップの封水の深さ。深さの標準は50〜100mm。深いと汚泥が溜まりやすくなります。浅いと破封してしまいトラップとしての機能が失われてしまいます。
- **破封**：封水の水面がディップのレベルよりも下位になってしまい、空気が常に通過してしまう状態。封水が変動する途中に空気が瞬時に通過することがありますが、これは破封として扱いません。

図 4-12-3　S トラップ　　図 4-12-4　洗濯機用トラップ接続配管

4-13 掃除口

●掃除口

掃除口とは、排水管内の点検や掃除のために配管の要所に設置する蓋付きの開口部です。排水が詰まりやすい箇所、清掃が行いやすい箇所、長い配管の途中などに設けます。また、配管上においては排水横管の起点、方向転換箇所、合流箇所、排水立て管の基部にも設置します。高圧洗浄を想定し掃除口を配管に対して直角方向（上向き）に設置します。

●設置間隔

排水横管に設ける掃除口の間隔は、管径が100A以下の場合は15m以内、管径が100Aを超える場合には30m以内に設けます。集合住宅の排水立て管においては共用部分で3〜5階以内に掃除口を設置します。

●掃除口サイズ

掃除口のサイズは清掃用具が出し入れしやすいサイズとします。管径が100A以下の場合は配管と同一の口径とします。100Aを超える場合は掃除口の口径は100Aより小さくしてはいけません。

排水槽・排水ポンプ

●排水槽の容量計算

排水槽はその用途によって分類されています。雑排水槽、汚水槽、湧水槽、雨水槽などがあります。容量はある程度余裕を持って計算します。また、各排水槽に適したポンプも選定する必要があります。ポンプの揚水量は排水槽の容量を 10 〜 20 分で揚水できる容量を想定します。2 台設置が原則となります。通常は自動交互運転を行い、異常時に同時運転を行います。

容量の計算は下記の式により行います。

$$V = (Qp - Qpu) \, T_1 + Qpu \cdot T_2$$

V：排水槽の容量（L）

Qp：排水槽へのピーク流入量（L/min）

Qpu：排水ポンプの揚水量（L/min）［Qp Qpu の場合（$Qp - Qpu=0$）とする］

T_1：ピーク排水時の継続時間（min）［給水同様 30（min）とする］

T_2：排水ポンプの最短運転時間（min）小型 5（min）大型 15（min）

●排水量が一定

排水槽は小容量とし排水ポンプは、平均排水流量の 1.2 〜 1.5 倍とします。排水槽は一般にポンプの揚水量の 10 〜 20 分間の容量を目安とします。雨水槽や雨水排水ポンプを計算する際にも最大雨量を平均排水流量と置き換えて同じように考えます。

●排水量の変動が大きい場合

容量 V の計算式を使います。ピーク排水流量を設定（給水負荷に準じます）、次に排水ポンプ揚水量を決めます。

4・排水設備

4-15 屋外排水設備

●屋外排水設備

　屋外排水設備とは、屋内排水設備からの排水を受けて、敷地内において発生する下水とあわせて公共下水道または私道排水設備へ流入させるための設備です。ただし、浄化槽は除きます。

●基本事項

　下水道の枡およびその他の排水施設の位置、屋内排水設備とその位置、計画地の土地利用計画などの調査を行います。特に高さに注意します。計画地が周辺地盤よりも低い場合は、周囲からの雨水の侵入や下水の逆流の可能性がないか調査します。

　排除方式は、公共下水道の排除方式に合わせます。構造は法令などの基準に適合しかつ円滑に排水機能を有するものとします。

●排水管の計画

　配管計画は、屋内排水設備からの排出場所、公共枡などの配水施設の位置および敷地の形状に合わせて行います。

　管径および勾配は排水が支障なく流下させるように定めます。排水管は原則として自然流下方式を用いて下水を支障なく流下させるために適切な管径、勾配とします。排水管内の流速は、0.6 ～ 1.5m/ 秒とします。やむを得ない場合は、流速を 3.0m/ 秒とすることもできます。通常、屋外排水設備の管径・勾配は、表 4-15-1 に示す基準により選定します。

表 4-15-1　汚水管の管径および勾配

排水人口（人）	管径（mm）	勾配
150 未満	100 以上	100 分の 2 以上
150 以上 300 未満	125 以上	100 分の 1.7 以上
300 以上 500 未満	150 以上	100 分の 1.5 以上
500 以上	200 以上	100 分の 1.2 以上

注：1つの建物から排除される汚水の一部を排除する排水管で
管路延長が 3m 以下の場合は、最小管径を 75mm（勾配 100 分
の 3 以上）とすることができる。

●汚水管

　1つの建物から排除される汚水の一部を排除する排水管で管路延長が 3m
以下の場合は最小管径を 75mm（勾配 100 分の 3 以上）とすることができます。

●雨水管または合流管
うすいかん

　1つの建物から排除される雨水または雨水を含む下水の一部を排除する排
水管で管路延長が 3m 以下の場合は最小管径を 75mm（勾配 100 分の 3 以上）
とすることができます（表 4-15-2）。管径が 250mm 以上の場合は、別途計算
で算出します。

- **使用材料**：一般に硬質塩化ビニル管、鉄筋コンクリート管を使用します。
  雨水排水用には U 字側溝を用いることも可能です。
- **土かぶり**：排水管の土かぶりは原則として 200mm 以上とします。露出
  管または特別な荷重がかかる場合は、これに耐えうる管種を選定するか
  防護措置を施します。
- **排除方法**：分流式の排水管は、汚水管および雨水管に分けます。汚水管
  は公共汚水枡に、雨水管は公共雨水枡または側溝に、それぞれ敷地内で
  排水管 1 本にまとめて私設最終枡を経由して接続します。合流式の排水
  管は、雨水と汚水を敷地内において 1 本の排水管にまとめ、私設最終枡
  を経由して公共枡などの排水施設に接続します。

表 4-15-2　雨水管の管径および勾配

排水人口（人）	管径（mm）	勾配
200 未満	100 以上	100 分の 2 以上
200 以上 400 未満	125 以上	100 分の 1.7 以上
400 以上 600 未満	150 以上	100 分の 1.5 以上
600 以上 1500 未満	200 以上	100 分の 1.2 以上
1500 未満	250 以上	100 分の 1 以上

注：1つの敷地から排除される雨水または雨水を含む下水の一部を排除する排水管で、管路延長が 3m 以下の場合は、最小管径を 75mm（勾配 100 分の 3 以上）とすることができる。

●枡

枡の配置、材質、大きさ、構造などに関しては次の項目を確認して計画します。

・**設置箇所**：枡は、排水管の起点、終点、会合点、屈曲点、排水管の延長が管径の 120 倍を超えない範囲、その他掃除・点検などの維持管理上必要な場所に設置します。
・**材質**：枡の材質はプラスチック（硬質塩化ビニル、ポリプロピレン）、鉄筋コンクリートなどとします。
・**形状**：形状は、内径または内のり 15（cm）以上の円形または角形とし、堅固で耐久性および耐震性のある構造とします。
・**蓋**：蓋は堅固で耐久性のある素材とし、汚水枡の蓋は密閉蓋とします。
・**枡底部**：汚水枡の底部にはインバート（導入路）を設けます。雨水枡の底部には深さ 15（cm）以上のドロだめを設けます。
・**基礎**：枡の種類、設置条件などを確認し適切な基礎を設置します。

表 4-15-3　枡の内径および深さ（参考）

内径・内法（cm）	深さ（cm）
15	80 以下
20	80 以下
30 ～ 36（36）	90 以下
40 ～ 45	120 以下
50 ～ 60	150 以下

●特殊枡

　枡の設置場所や、排水の特性、その他の要因により、排水設備または下水道の排除機能や施設保全に支障がある場合には、特殊枡を設けて対応します。

●ドロップ枡・底部有孔枡

　上流、下流の排水管の落差が大きい場合には、ドロップ枡・底部有孔枡を使用します。使用方法としては、敷地内の排水配管を行う際に配管と配管の深さに差がある箇所にドロップ枡を使用して対応します。敷地内配管は1/50（2%）勾配であり、浅く配管を設置すると、公共汚水枡との深さに差が出てしまいます。これは公共汚水枡が不覚に設置されているためです。そこで段差調節の行えるドロップ枡を設置して対応します。地形の関係で施工上やむを得ない場合は露出配管とすることも可能です。

●トラップ枡

　建物内の悪臭を防ぐために、衛生器具トラップの設置を原則としますが、次に該当する場合はトラップ枡を設置して対応します。

①既設の衛生器具にトラップの設置が技術的に困難な場合。
②食堂、生鮮食料品取扱所などにおいて、残さ物が排水に混入し排水設備または公共下水道の機能に支障を与える恐れがある場合。
③雨水排水系統の枡、または開渠部分からの臭気の発散を防止する場合。

●トラップ枡設置上の注意事項

①トラップの口径は 75（mm）以上とし、封水深は 50（mm）以上 100（mm）以下とする。

②トラップは硬質塩化ビニル製の堅固なものとし、肉厚は管類の規格に適合するものとする。

③二重トラップとしてはならない（器具トラップを有する排水管はトラップ枡のトラップ部分に接続しない）。

④トラップを有する排水管の管路延長は、排水管の管径の 60 倍を超えてはならない。ただし、排水管の清掃に支障がないときにはこの限りではない。

⑤寒冷地においては凍結の恐れがあるのでトラップますは好ましくない。使用する場合は外気などが入らないように十分な検討が必要である。

●掃除口

掃除口は会合点や屈曲点で枡を設置できない場合に設けますが、掃除口の設置では内部の点検ができない、下流側への掃除しかできないなどの問題があることから、掃除口を設けずに枡径 15（cm）または 20（cm）の枡を設置して対応します。

●分離枡

固形物、油脂、土砂など排水機能を妨げ、排水管を損傷する恐れのある物質を含む下水を公共下水道に排水する場合は、下水道の使用者が阻集器を設ける必要があります。市町村などにより固形物、油脂、土砂などを分離するために分離枡の設置を義務づけています。設置の際にはし尿を含まない雑排水の枡として設置し、便所からの排水が分離枡に逆流しないように位置や菅底高さを設定します。

雨水貯留浸透施設

●雨水貯留浸透施設の計画

　雨水貯留浸透施設には浸透施設と貯留施設があります。それぞれを単独もしくは組み合わせて計画を行い、雨水抑留の効果を十分に発揮させることが重要です。

　雨水貯留浸透施設の計画について、基本事項を以下に示します。

①計画地域の下水道雨水排除計画に適合した計画とする。

②雨水貯留浸透施設の計画にあたり、計画地の地形、地質、地下水および周辺環境を調査する。

③雨水浸透施設は、雨水を浸透させた場合に地盤が緩んでしまう場所には計画しない。また、浸透性が低い場所に設置する場合は計画地の周辺状況などに十分注意する必要がある。

・**雨水浸透施設の設置禁止区域：**

①急斜地崩壊危険区域

②地すべり区域

③擁壁上部、下部の区域

④隣接地その他の居住および自然環境を害する恐れのある区域

⑤工場跡地、廃棄物の埋立地などで土壌汚染が予想される区域

・**雨水浸透施設の設置に注意しなければならない区域：**

①隣地の地盤が低く、浸透した雨水による影響が及ぶ恐れのある区域

②斜面や低地に盛り土で造成した区域

③既設浸透施設に隣接する区域

④地下水位が高い地域

4・排水設備

・**雨水浸透施設の計画**：その地域の排水計画に適してかつ浸透効果が十分なものを選定します。

●計画

①雨水浸透管の配管計画は、建物の屋根からの排出箇所および地表面からの雨水が集まる場所、公共枡などの排水施設の位置や敷地の形状などを考慮して計画する。雨水枡は浸透効果を高める目的から浸透枡が適している。

②管径および勾配は選定した施設の設計浸透量や地形などから決定する。使用材料はプラスチック製とコンクリート製がある。

③雨水浸透管は計画地の敷地条件、浸透機能、維持管理などを考慮して選定する。

④雨水浸透管は公共下水道の排除方式に従って、公共枡などの排水施設に接続する。

⑤雨水浸透管は沈下や損傷を防ぐために、必要に応じて基礎や防護策を実施する。

●雨水浸透枡

①設置場所は、雨水排水系統の起点を浸透枡の起点とする。その他に会合点、屈曲点、終点、その他維持管理上必要な場所に設置する。

②使用材料はプラスチック製とコンクリート製がある。

③寸法は内径もしくは内法 150mm 以上の円形もしくは角形。

④底部は維持管理が行いやすく、浸透機能に応じた構造とする。

⑤蓋は堅固で耐久性のある材質とし、設置場所に適した構造とする。

⑥雨水浸透ますの種類、設置条件を考慮して適切な基礎を設置する。

●宅内雨水貯留槽

計画地内に設置する雨水貯留槽は屋根からの雨水を貯留するものとします。また、既存の施設を利用する場合には、その施設が使用に十分耐えうる強度を持っているかを確認します。

●雨水貯留槽（タンク式）

　雨どいの近くに設置します。雨どいから雨水を引込みます。雨水は降り始めは屋根の汚れなどを含んでいます。これを濾過するなどして取り除く機構を設置して散水などに利用します。不要となった浄化槽を雨水貯留槽に転用する場合の注意事項は次の項目になります。

①浄化槽内の水がない場合、周囲の土圧に耐えることが可能かについて確認が必要。また、耐用年数がどの程度あるのかも確認が必要になる。
②地下水位が高い場合、浄化槽が空になった場合に浮力で浮かび上がらないか確認が必要。

図 4-16-1　雨水浸透枡

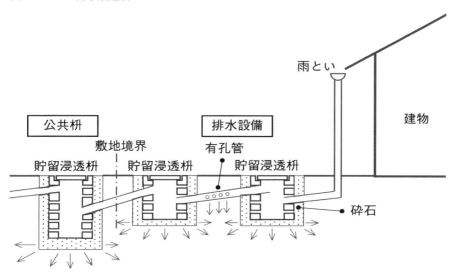

4-17 私道排水設備

●私道とは

私道とは、主として「国や地方公共団体以外の者が所有する一般の用に供されている通路であって、法令上、国や地方公共団体が管理することとされていないもの」と定義されます。また、共用私道とは複数の者が所有する私道であり以下に区分されます。

①共同所有型私道（民法上共有関係にある私道）：私道敷全体を複数の者が所有し、民法第 249 条以下の共有（共同所有）の規定が適用される。
②相互持合型私道（民法上共有関係にない私道）：私道敷が複数の筆から成っており、隣接宅地の所有者などの各筆をそれぞれ所有し相互に利用させ合う。

この私道に面した複数の設置義務者の宅地からの下水を公共下水道に排除する排水設備が**私道排水設備**です。私道は、日常的な一般の交通に使われるものも多いため、計画および施工においては周辺環境への十分な配慮が必要です。また、雨水の有効利用や流出抑制のために、雨水利用・貯留・雨水浸透施設を積極的に検討することが望ましいです。私道排水設備は戸建て住宅の排水よりも設備規模が大きくなるため、その地域の公共下水道管理者と事前に協議することが必要です。

●考慮内容

私道排水設備は、複数の設置義務者（戸建て住宅など）が共同で使用する設備のことになります。私道排水設備を設置する私道とは、道路法に規定する道路などの公道以外の道路のことです。

●計画・施工の考慮事項

　私道の形態、接続する公共下水道の排除方式、排水人口および排水面積の規模などを適切に判断し実施します。私道排水設備の排除方式は、接続する公共下水道の排除方式に合わせます。また、計画地域において雨水流出抑留方式や暫定分流方式を採用している場合は、必ず関係部局と協議を行います。排水管の布設方式は、マンホール方式または枡方式とします。構造などは、法令などの基準に適合しかつ円滑な排水機能を有するものとします。

●計画下水量

　計画下水量は計画汚水量（計画時間最大汚水量）および、計画雨水量（最大計画雨水量）を考慮して定めます。算定は計画地域の公共下水道の算定方式に準じた算定を行います。合流式下水道の計画下水量の算定においては、計画雨水量は計画汚水量に比べると、極めて大量となるため計画雨水量が管径などの決定で最も大きな要因となります。

●流速および勾配、管径

　私道排水設備における流速は、下流に下がるに従い漸増させ、勾配は下流に行くに従い小さくなるように計画します。流速の範囲は、汚水管においては 0.6 ～ 3.0m/sec、合流管・雨水管は 0.8 ～ 3.0m/sec とします。

　管渠の最小管径は、施工性や経済性を考慮して汚水管径は 200mm、雨水管径および合流管径は 250mm を標準とします。ただし、土かぶりが浅く、理想的な管渠勾配が容易に確保され、新たな排水施設の接続が見込まれない場合には管径を 150mm とします。さらに理想的な管渠勾配が確保される場合には 100mm とすることができます。この場合において布設方式は、原則として、枡方式とします。

●管渠の接続

　管径が変化する場合、または 2 本の管渠が合流する場合の接合（接続）方法は、管頂接合または水面接合を原則とします。地表勾配が急な場合は、管径の変化の有無にかかわらず、地表勾配に応じた段差接合とします。

図 4-17-1　排水断面模式図

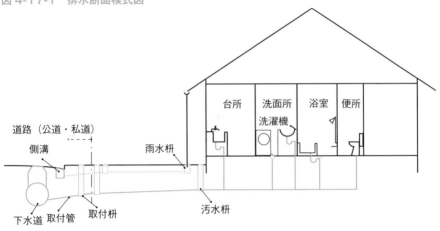

●排水面積

　排水面積は、土地基本図、測量図を用いて計算します。排水面積として管渠が対応する区画割平面図（図 4-17-2）は、地表面の勾配と計画地の高さを考慮して、道路の交角との二等分線として分割します。面積を計算する際には三斜法（図 4-17-3）による方法とプラニメーターを用いる方法があります。

図 4-17-2　区画割平面図

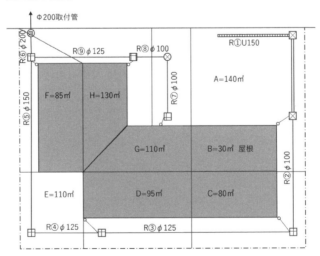

表 4-17-1　区画割の記号

面積記号	路線番号	面積 m²	累加面積 m²	管径 mm	勾配 %	備考
A	①	140	—	U 型 150 × 150	1.0	
B	②	30	170	100	2.0	屋根
C	③	80	250	125	2.0	
D	④	95	345	125	1.7	
E	⑤	110	455	150	1.5	
F	⑥	110	—	100	2.0	
G	⑦⑧	130	240	125	1.7	
H	⑨	85	780	200	1.2	
合計			780	200	—	取付

図 4-17-3　三斜法による面積の算出

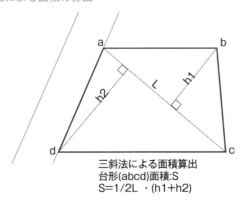

三斜法による面積算出
台形(abcd)面積:S
S=1/2L ・(h1+h2)

●流量計算

　下水は、普通の水と考えて水理計算を行います。自然流下にはマニング式、またはクッター式を用います。圧送ではヘーゼン・ウィリアムス方式を用いて計算します。

・マニング式：

$Q = A \cdot V$

$V = 1/n \cdot R^{2/3} \cdot I^{1/2}$

　Q：流速（㎥／秒）

　A：流水の断面図（㎡）

　V：流速（m／秒）

　n：粗度係数（鉄筋コン＝ 0.013、硬質エンビ＝ 0.010）

　R：径深（m）（A/P）

　P：流水の潤辺長（m）

　I：勾配（分数または小数）

・ヘーゼン・ウィリアムズ式：

$Q = A \cdot V$

$V = 0.84935 \cdot C \cdot R^{0.63} \cdot I^{0.54}$

　V：平均流速（m／秒）

　C：流速係数

　I：動水勾配

　H：長さ L（m）に対する摩擦損失係数（m）

●管渠

配管は一般的に、鉄筋コンクリート管、硬質塩化ビニール管、強化プラスチック複合管およびポリエチレン管などが用いられます。

●側溝

雨水排水は側溝で排水することができます。側溝には U 形（図 4-17-4）、LU 形（図 4-17-5）および L 形（図 4-17-6）があります。

図 4-17-4　U 形側溝（断面図）

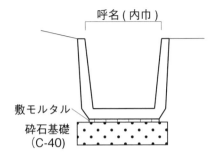

呼名 (内巾)

敷モルタル

砕石基礎
（C-40）

図 4-17-5　LU 形側溝（断面図）

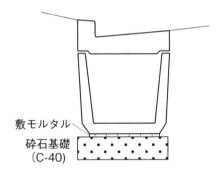

敷モルタル

砕石基礎
（C-40）

図 4-17-6　L 形側溝（断面図）

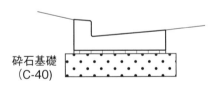

砕石基礎
（C-40）

！ 清涼飲料水

　ミネラルウォーター類は、食品衛生法で「水のみを原料とする清涼飲料水をいう」と定義されています。ミネラルウォーター類は、ナチュラルウォーター、ナチュラルミネラルウォーター、ミネラルウォーター、ボトルドウォーターの4つに分類されます。

・ナチュラルウォーター

原水：特定水源より採水された地下水。

処理方法：沈殿・濾過・加熱殺菌以外の物理的・化学的処理を行わないもの。ミネラル成分が含有されていない場合もあります。

・ナチュラルミネラルウォーター

原水：特定のうち、地表から浸透し、地下を移動中または地下に滞留中に地層中の無機塩類（ミネラル分）が溶解した地下水。ミネラル分は自然由来に限定されます。

処理方法：沈殿・濾過・加熱殺菌以外の物理的・化学的処理を行わないもの。ミネラル成分が含有されていない場合もあります。

・ミネラルウォーター

原水：ナチュラルミネラルウォーターを原水としたものです。品質を安定させるため人工的にミネラルを添加した水です。

処理方法：沈殿・濾過・加熱殺菌以外に複数のナチュラルミネラルウォーターの混合やミネラル分の調整、ばっ気処理などが行われたものです。

・ボトルドウォーター

原水：1～3以外のもの（純水・蒸留水・河川の表流水・水道水）。

処理方法：処理法の限定はありません。逆浸透膜での濾過なども使われます。

第 5 章

衛生器具設備

衛生器具は SHASE-S 206 では「水を供給するために、液体もしくは洗浄されるべき汚物を受け入れるために、またはそれらを排出するために設けられた給水器具・水受け容器・排水器具及び付属品をいう」と定義されています。水の使用が衛生的に、便利に、快適に行える専用機器の総称です。

5-1 衛生器具の基本性能

●衛生器具の基本性能

基本性能として必要な機能は次のとおりです。

①常に清潔な状態が保てるように、吸水・吸湿性がなく表面がなめらかで衛生的であること。
②耐久性、耐摩耗性があり、容易に破損しないこと。
③器具の製作・製造が容易であり堅固に接続・固定できること。
④給水・給湯系統への逆流などによる汚染の防止に配慮がされていること。
⑤互換性・更新性に配慮がなされ、交換・更新の際に道連れ工事が少ないこと。

●衛生器具の分類

衛生器具の分類を図 5-1-1 に示します。

！ろ過・消毒

水道水は原水をろ過、消毒して配水されます。原水に凝集用薬品を入れることで微生物や濁りなどを固めて取り除きます。凝集用薬品はその後のろ過の過程で除去されます（薬品注入）。薬品処理後の上澄み水をろ過します。

急速ろ過方式：1日に 120 ～ 150m の速度で砂の層を通してろ過を行います。

緩速ろ過方式：原水をそのまま1日4～5mの速度で砂の層を通してろ過を行う方式。スペースが大きく必要。

膜ろ過方式：原水に圧力をかけて細かい膜の穴を通してろ過を行う方式。機械制御システムを用いて専門的な保守を行います。省スペース化が可能で不純物の除去に優れた方式。

図5-1-1　衛生器具の分類

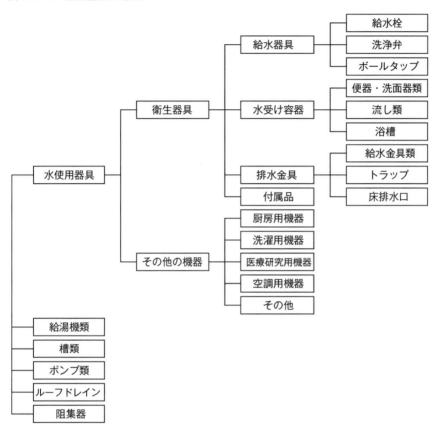

注1）便所・台所・浴室などで衛生器具を組み合わせて設置する場合は、これを衛生器具設備という。

注2）水受け容器は、従来、衛生陶器と称される場合が多かったが、プラスチック・ステンレス鋼その他の素材を使用する製品も増えていることを考慮して分類している。なお、間接排水を受けるホッパーなどもこれに含まれる。

注3）鏡・化粧棚・石鹸受けペーパーホルダーなど実際には水を使用しないが、衛生器具の一部として必ず用いられるものをいう。

注4）それぞれの特定の目的に使用される機器をいい、給水栓・手洗器などがその近くに独立して設置される場合はこれを含めない。

注5）給排水衛生設備に用いられ、上水・雑用水・排水などを貯留するために設けられる槽類をいう。受水槽・高置水槽・貯湯槽・膨張水槽・排水槽・湧水槽および便器に付属するロータンク・ハイタンクなどがある。

5-2 衛生器具数の算定

　衛生器具数を計算で求める際には、設定するべき項目や想定して考慮する項目があります。また、待ち時間などを考慮してシミュレーションを行って計算する場合もあります。

●考慮すべき項目

衛生器具数の計算に関して、考慮すべき項目を以下に示します。

　①計画施設の用途・立地条件
　②使用目的
　③利用者数
　④交通手段（移動手段）
　⑤曜日または季節などの要因
　⑥交通量（移動量）から推測される立ち寄り率
　⑦滞在時間
　⑧集中時の待ち時間長さ
　⑨男女の特性の捉え方

図 5-2-1　衛生器具設置器具数の算定手順

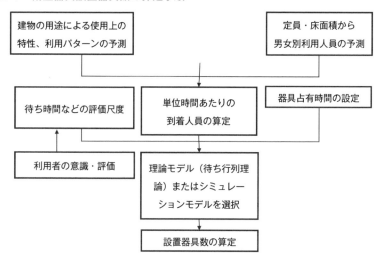

●法規・各種条例などによる所要器具数

　労働安全衛生法などでは作業所・事業所の便器の数が就業する人数に対応して設定されています。その他、関連法規などで定められている衛生器具数などについて表5-2-1 に示します。

●衛生器具の種類

- **給水器具**：水や湯を供給する給水栓、給湯栓、混合水栓、止水栓、ボールタップなどがあります。
- **水受け容器**：水や湯や洗浄されるべき汚物を一時貯留し、これらを排水系統に接続するための器具です。大便器、小便器、洗面器、手洗い器、浴槽などがあります。
- **排水器具**：水受け容器と排水管の接続器具の総称です。排水器具、トラップや床排水口などです。
- **付属品**：衛生器具の一部として必要不可欠な器具です。鏡、セッケン入れ、紙巻き、便座などです。

表 5-2-1　法規・条例による建物用途別衛生器具数

建物用途	関連法規	関係省庁	必要器具数
作業所・事業所	労働安全衛生規則 第 628 条	厚生労働省	男性用大便器：60 人以内ごとに 1 個 男性用小便器：30 人以内ごとに 1 個 女性用便器：20 人以内ごとに 1 個
事務所	事務所衛生基準規則 第 17 条	厚生労働省	男性用大便器：60 人以内ごとに 1 個 男性用小便器：30 人以内ごとに 1 個 女性用便器：20 人以内ごとに 1 個
事業付属寄宿舎 （第一種寄宿舎）	事業付属寄宿舎規定 第 28 条 3	厚生労働省	寄宿する労働者数 100 人以下：寄宿者数 /15、101 ～ 500 人：7+（寄宿者数 -100）/20、501 人以上：27+（寄宿者数 -500）/25
幼稚園	幼稚園設置基準	文部科学省	園児数 79 人以下：幼児数 /20、80 ～ 239 人：4+（幼児数－ 80）/30、240 人以上：10+（幼児数－ 240）/40
興行場：劇場・演芸場・観覧場・集会場・公会堂	興行場の構造設備および衛生措置の基準等に関する条例施行規則 第 6 条の 2	東京都	便器は各階に設け男子大便器数＋小便器数と女子便器数はほぼ同数とする。 男子用は小便器 5 以内ごとに大便器 1 階の客席床面積 S　300㎡以下：S/15、300㎡＜ S ≦ 600㎡：20+（S-300）/20、00㎡＜ S ≦ 900㎡：35+（S-600）/30、900 ㎡＜ S：45+（A-900）/60

5-3 衛生器具の選定

　衛生器具はその計画において必要な機能・役割を果たすことを前提に選定します。コストのバランスや衛生的観点での判断などを想定して最終的に決定します。

●衛生器具の台数想定

　前項で記述しましたが、法的最低台数と算定による台数は違います。また、建物としてのグレードや用途、コンセプトや運営上のメリットなどを総合的に考慮して台数を決定します。

●器具デザインおよび機能、種類の選定

　発注者、設計者、運営者などとの打合せを行って選定します。バリアフリー、ジェンダーフリーなどSDGsの点からも検討します。

●設置場所の検討

　動線や平面計画と合わせて設置場所を検討します。衛生器具においてバリアフリー対応をどの程度まで行うかも重要なポイントです。

●水圧の確認

　計画位置において適正な水圧が確保できるシステムであるか確認します。

●配管位置の検討

　給水・給湯配管と排水配管・排水トラップなどに必要なスペースが確保されているかを確認します。

給水器具

給水器具には分水栓（水道管から給水管を分岐する際に設置する給水器具）、止水栓（故障時やメンテナンス時に水を止めたりする水栓。給水管と給水器具の間に設置）、給水栓（混合水栓）、ボールタップ、および洗浄弁に分類されます。

●水栓

現在、水栓はほとんど混合水栓が使われるようになりました。混合水栓には2バルブ形、シングルレバー形、およびサーモスタット形があります。主流はシングルレバー形です。さらに感染症対策などを考慮した混合水栓なども使われるようになっています。浴室にはシャワー付きサーモスタッド型が多く使われています。

表 5-4-1　混合水栓の用途別種類

用途	操作方法
台所用	シングルレバー型
	2バルブ型
洗面所	シングルレバー型
	2バルブ型
洗面所（洗髪機能付き）	シングルレバー型
	サーモスタット型
	2バルブ型
浴室用（シャワー付き）	サーモスタット型
	2バルブ型
浴室用（浴槽への給湯専用）	サーモスタット型
	2バルブ型

図 5-4-1　混合水洗

図 5-4-2　自動水栓制御弁

図 5-4-3　水石鹸用のタンク

水受け容器に分類される衛生器具は、便器、洗面器に加えて流しや浴槽などの総称になります。

●小便器

小便器は壁掛け型とストール型（床置き）に大別されます。子供から大人まで楽に使える縦長タイプの低リップ型小便器となっています（表5-4-2）。

表 5-4-2　小便器の種類

形式	設置タイプ	洗浄弁種類	サイズ	洗浄水量
節水型	床置き型	洗浄弁式センサー別置	大	4.0 以下
			小	2.0 以下
	壁掛け型		大	4.0 以下
			小	2.0 以下
節水型	床置き型	専用洗浄弁式	大	4.0 以下
			小	2.0 以下
	壁掛け型		大	4.0 以下
			小	2.0 以下

●大便器

大便器の種類は、洗い落とし式、サイホン式、サイホンゼット式、サイホンボルテックス式、ブローアウト式などがあります。直結直圧給水方式を利用したダイレクトバルブ式（タンクレス便器）なども用いられています（表5-4-3）。洗浄方式には洗浄弁方式と洗浄タンク方式があります。洗浄弁方式は給水管の水を直接洗浄に使用するので、連続使用が可能であり、オフィスビルや公共施設に採用されます。洗浄タンク方式はタンク内に一定量貯留した水を洗浄水に利用する方式です。住宅ではロータンク式が使われます。

●洗面器・手洗い器

洗面器は壁掛け式、カウンタはめ込み式、自立型に大別されます。取付ける水栓や、水セッケン受けなどによりさまざまなタイプが検討可能です。

表 5-4-3　大便器の種類

形式	方式名	水たまり広さ		便器の大きさ (mm)	タンク容量	洗浄方式・特徴
節水型	洗い落とし式	狭い	8.5L	440	8L	・汚物を洗浄水の水勢で流す方式。・洗浄水を短時間で強く流すので 8L に節水できる。
節水型	サイホン式	中くらい	13L	470	9L	・排水路を屈曲させて、洗浄水にサイホン作用を起こさせて洗い出す方式。・洗浄力、溜水面の広さ、洗浄音に優れており、洗い落とし式とサイホンゼット方式の中間に位置する性能である。
節水型	サイホンゼット式	広い	13L	470	9L	・ゼット穴（噴出口）から洗浄水を勢いよく出し強制的にサイホン作用を起こさせ洗い出す方式。・洗浄力、溜水面の広さ、洗浄力とも最も優れている。
一般型	サイホンボルテックス方式	広い	16L	470	13L	・洗浄水を短時間に吐き出させて、水位差をつくり出し、鉢洗浄水の渦作用とともにサイホン作用を発生させる方式。・空気の混入が少なく、きわめて洗浄音の静かな便器である。

●浴槽

　浴槽は入浴形式により、和風浴槽と洋風浴槽と両方の利点を合わせた和洋折衷浴槽があります。材質は、ほうろう（鋳鉄・鋼板）、FRP、ステンレス、人工大理石、木などが使われます。

5-5 排水器具

　排水器具とは、水受け容器の排水口に接続し、他方を排水管に接続する器具の総称です。内容としては、排水金具類、排水トラップおよび床排水口に分類されます。

●排水金具

　排水金具類は便器や洗面器に直接接続される排水金具です。JISにより排水口に取付けられる金具として、大・小便器の床フランジ、ストール小便器の排水金具、洗面器、手洗い器トラップおよび掃除流しトラップが規格化されています。また、排水金具は32ミリ規格と25ミリ規格が設けられています。

●トラップ

　大便器や小便器などの衛生器具はトラップが器具に内蔵されています。洗面器などには管トラップが多く使用されます。浴室には、防水床に設置するタイプのトラップと浴室ユニットに設置するタイプのトラップがあります。

●洗濯機用防水パン

　洗濯機を受ける防水パンとトラップが一体の構造になっています。使用していると糸くずなどが堆積して悪臭の原因となります。定期的に清掃が必要です。

●掃除口・点検口

　配管内の詰まりや、排水がしにくくなった場合に清掃を行うために掃除口を設置します。掃除口は屈曲点など重要な箇所の近くに設置します。定期的に高圧洗浄を行い、トラブルの際の点検や清掃、修繕などに使用します。天井内や床下、パイプスペースの点検やメンテナンスを行うために設置するのが点検口です。

●ルーフドレイン

屋根、トイなどに設置して雨水を雨水立て管へと導くための排水器具です。平型と縦型があります。屋根やトイは日常的にメンテナンスを行うことが難しいので、メンテナンスが必要ないルーフドレンを選ぶと安心です。

図 5-5-1　洗濯機用防水パン、洗濯機用トラップ部品

🗨 公共用水域

皆さんがよく目にする河川や湖、海などは「公共用水域」と定義されています。正確に書くと河川、湖沼、港湾、沿岸海域など公共の用に供される水域、およびこれに接続する公共溝渠（こうきょ）、灌漑用水路などの公共のように供される水路をいいます。ただし、下水道法に規定される「公共用下水道および流域下水道であって終末処理場を設置しているもの（流域下水道に接続する公共下水道を含む）」は公共用水域から除外されています。また、湖沼は天然湖沼および貯水量 1,000 万立方メートル以上であり、かつ、水の滞留時間が 4 日間以上である人工湖に限るとされています。この公共用水域における水質測定を全国的の約 9,000 地点で実施して環境基準の変化を測定しています。昭和 46 年度は 7 項目でしたが、現在は 13 項目を測定しています。

5-6 ユニットバス

●設備ユニットの性能

1960年代に浴室ユニット化が始まり、現在はユニットバスとして広く採用されています。ユニット化された理由は、工期の短縮、工程の単純化施工精度の向上などです。このような目的から表5-6-1に示すユニット化が行われました。性能面から設備ユニットに要求される項目を次に示します。

①現場での組立て・据付けが容易なこと。
②防水が完全なこと。
③配管の接続が容易であり、ユニット内の配管も複雑でないこと。
④パネルなどの強度が十分であること。

ユニットバスはサニタリーユニットの1種類で複合サニタリーユニットに含まれます。サニタリーユニットは入浴、洗面、洗濯、用便のための機能の全部またはそのうちの1つ以上の用に供するユニットのことです。

表5-6-1　設備ユニットの分類

名称	規格番号
住宅用複合サニタリーユニット	JIS A 4410
住宅用浴室ユニット	JIS A 4416
住宅用便所ユニット	JIS A 4417
住宅用洗面所ユニット	JIS A 4418
洗面化粧ユニット類	JIS A 4401
キッチン設備の寸法	JIS A 0017
システムキッチンの構成材	JIS A 4420
住宅用配管ユニット	JIS A 4413

図 5-6-1 ユニットバスの配管

図 5-6-2 ユニットバスの給水管・追焚き配管

●洗面器ユニットの構成部品

洗面器ユニットは JIS A 4401（洗面化粧ユニット類）で基準が定められています。洗面化粧ユニットの構成部品は表5-7-1のようになります。

表 5-7-1　洗面化粧ユニットの構成

構成される部品	洗面化粧台ユニット	洗面化粧カウンターユニット	備考
洗面化粧台	◎	―	・上部収納またはサイド収納のキャビネットが取付けられる場合、セットフリー部品とする。 ・単水栓を付ける場合、セットフリー部品とする。 ・洗髪・洗面タイプで下部収納キャビネット内に水が侵入する可能性がある場合の水受け容器などを指す。 ・排水栓並びにそれに付随する部品を指し、洗髪・洗面タイプについてはヘアキャッチャー付とする。
洗面器	―	◎	
天板	△	◎	
化粧キャビネット	・	△	
上部収納キャビネット	△	△	
下部収納キャビネット	△	○	
サイド収納キャビネット	△	△	
湯水混合水栓	○	◎	
単水栓[注1)]	△	△	
器具給水・給湯管	△	△	
給水管付止水栓	△	△	
洗髪機能付湯水混合水栓用付属部品[注1)]	△	△	
器具排水管	◎	◎	
排水トラップ	◎	◎	
排水栓金具	◎	◎	
鏡	△	○	
照明器具	△	△	
小型電気温水器	△	△	
タオル掛け	△	△	

　◎：必須構成部品（住宅部品としての基本機能上、必ず装備される部品および部材）
　○：セットフリー部品（必須構成部品のうち、セットしなくてもよい部品および部材）
　△：選択構成部品（必須構成部品に選択的に付加でき、保有しなくてもよい部品および部材）
注1）湯水混合水栓および単水栓の性能は JIS B 2061:2017（給水栓）によるもの。

5-8 貯水槽

●受水槽・高置水槽の分類

　貯水槽は水を貯めておくための設備や施設の総称です。**受水槽**や**高置水槽**は貯水槽の一種になります。他にも防災用や工業用の貯水槽などを設置する場合があります。現在、配水管（水道管）の圧力を高めることで3階建ての高さまで直接、配水を行うことが可能となっています。受水槽を用いて水道水をためて使用するのは、3階建て以上のホテルや病院など水を多く使用する建物に採用されています。

　受水槽・高置水槽の種類を表5-8-1に示します。大きくは一体型とパネル型に分けられます。一体型は水槽メーカーの工場で作成され一体のものです。そのまま設置場所に持ち込みます。パネル型は、工場で製作された個々の部品（パネル）を設置場所にて組み立てる方式です。一体型は設置場所での作業がつなぎ込みだけになるので効率的です。受水槽に用いられるのは、ほとんどの場合パネル型になります。これは、通常1階か、地下スペースに受水槽を設置しますが、パーツに分かれていないと設置ができないためです。材質はFRP製、鋼板製、ステンレス製が代表的なものとなります。

　受水槽に用いられるのは、ほとんどの場合パネル型になります。これは、通常1階か、地下スペースに受水槽を設置しますが、パーツに分かれていないと設置ができないためです。材質はFRP製、鋼板製、ステンレス製が代表的なものとなります。

表 5-8-1　水槽の種類

分類	FRP 水槽	ステンレス水槽	鋼板水槽
材質	FRP	ステンレス鋼	鋼板
本体構造	一体型	溶接型	溶接型
	パネル型	ボルト組立型	ボルト組立型
保温構造	単板型	単板型	単板型
	複合板型	複合板型	複合板型
形状	角形	角形	角形
	円筒形	円筒形	円筒形
	球形	球形	球形

第6章

消火設備

　給排水衛生設備には、水による消火設備が含まれています。具体的には屋内消火栓設備、スプリンクラー設備などが該当します。これらの消火設備は大きな区分では消防法で規定される消防設備にも含まれます。他の消防設備としては、警報設備、避難設備、消火活動上必要な設備、消防用水などがあります。

6-1 消火

●消火の考え方

　燃焼している物体を消火させるためには、燃焼反応を止めることが必要です。**燃焼反応**とは、ものが燃える（酸素と反応する）ことです。燃焼反応は、熱（着火エネルギー）・可燃物（可燃性物質）・酸素または支燃物（支燃物質・酸化剤）の3つの要素がそろうと継続して燃焼し続けます。そして、3つのうちの1つ以上の要素を除去することで燃焼反応を止めることができます。

●消火の原理・手法

　消火設備で消火するための手法には、冷却法、窒息法、負触媒法があります。

- **冷却法**：冷却することにより温度を下げて消火する方法です。燃焼物に水をかけて温度を下げて消火します。
- **窒息法**：酸素（空気）を遮断することで消火する方法です。空間を密閉することで酸素を遮断して消火します。
- **負触媒法**：冷却・窒息を組み合わせて燃焼の継続を断ち切る方法です。ハロゲン化物消火設備を用いて、燃焼の化学反応を抑制して消火します。

消防法で定められた消火設備は、消火器、簡易消火用具、屋内消火栓、スプリンクラー、水噴霧消火、泡消火、不活性ガス消火、ハロゲン化物消火、粉末消火、屋外消火栓、動力消防ポンプ、パッケージ型消火、パッケージ型自動消火、共同住宅用スプリンクラーなどの各設備となります（表6-2-1）。

●消火器

消火器は消防法により「水、その他消火剤を圧力により放射して消火を行う器具で人が操作するもの」と規定されています。初期消火に有効な消火設備です。消火剤は、粉末、強化液、泡、二酸化炭素、ハロゲン化物を薬剤に用いた物があります。検定を受けたもの器具であることが必要です。

●水噴霧消火設備

水噴霧消火設備は専用の噴霧ヘッドから、水を噴霧状に放射して火災点一体を包み火災の消火を行う消火設備です。主として冷却作用および水蒸気により酸素を遮断し、燃焼を阻止する窒息作用を用いたしくみです。駐車場やトンネルなどに用いられています。

●泡消火設備

水と消火薬剤を混合した水溶液を泡放出口（泡ヘッド）から空気を含むエアフォームとして放射し、燃焼面を泡で覆うことによる窒息効果と泡に含まれる水分による冷却作用により消火する方式です。主に危険物取扱所・貯蔵庫、駐車場などに用いられています。

●不活性ガス消火設備

不燃性ガスである二酸化炭素を用いた消火設備です。空気よりも重い気体である二酸化炭素の特性を活かして、上部に拡散せず低所に滞留することで

燃焼面を覆い窒息効果により消火を行います。空気中の酸素濃度を希釈することで消火するため、密閉された室内の可燃物の火災に対して効果を発揮します。また、消火後の汚染が少なく、電気絶縁性と冷却効果に優れているため、電気室や美術館、精密機械、電気通信室など復旧も早急に行うことが必要な施設に設置されます。

表 6-2-1　消防用設備

消防用設備等	消防の用に供する設備	消火設備	・消火器、簡易消火用具（水バケツ・水槽・乾燥砂など） ・屋内消火栓設備　　　　・スプリンクラー設備 ・水噴霧消火設備　　　　・泡消火設備 ・不活性ガス消火設備　　・ハロゲン化物消火設備 ・粉末消火設備　　　　　・屋外消火栓設備 ・動力消防ポンプ設備
		警報設備	・自動火災報知設備　　・ガス漏れ火災警報設備 ・漏電火災警報器　　　・消防機関へ通報する火災報知器 ・警鐘、携帯用拡声器、手動式サイレンその他の非常警報設備
		避難設備	・すべり台、避難はしご、救助袋、緩降機、避難橋 ・誘導灯および誘導標識
	消防用水		・防火水槽、貯水池その他の用水
	消火活動上必要な施設		・排煙設備　　・連結散水線　　・連結送水管 ・非常コンセント設備　　　・無線通信補助設備
必要とされる防火安全性能を有する消防の用に供する消防用設備など			・パッケージ型消火設備 ・パッケージ型自動消火設備 ・共同住宅用スプリンクラー設備 ・共同住宅用連結送水管 ・特定駐車場用泡消火設備　・加圧防排煙設備 ・共同住宅用非常コンセント設備 ・共同住宅用自動火災報知設備 ・特定小規模施設用自動火災報知設備 ・複合型居住施設用自動火災報知設備 ・住戸用火災報知設備 ・共同住宅用非常警報設備

屋内消火栓設備

●操作方法

　屋内消火栓設備は、火災発生時の初期消火を行うための設備です。操作はその場にいる人、誰でもが消火を行えることを目的として設置する設備になります。操作方法は、火災発生時に扉を開けて消火栓箱の中に格納してあるホースを取り出し、開閉バルブを開けることで消火活動を行うことができるしくみです。消火栓と合わせて「水源」「ポンプ（加圧送水装置）」「起動装置」「それぞれを接続する配管・配線」の設置も必要となります。能力により1号消火栓と2号消火栓があります。

　1号消火栓は多量の水を一定の圧力で所定の範囲に放水することができます。操作は1人以上で行うことを前提としています。2号消火栓は1人でも操作できるようになっています。2号消火栓のホースは丸く立体の筒状になっています。このホースは1人でも引き出しやすくなっており、途中まで引き出した状態でも放水が可能になっています。1号消火栓でも1人で操作でき、比較的取扱いしやすいものとして易操作性1号消火栓があります。

6．消火設備

⚠ 病原大腸菌

　平成2年10月、埼玉県の幼稚園の水飲み場の水が原因となる病原性大腸菌 O-157 などの集団感染が発生しました。この幼稚園では井戸水を飲用に使用しており、この井戸水が敷地内に設けられた汚水タンクから漏水した汚水で汚染されて事故が発生しました。319人が発症。園児は149人が発症。5人が入院。そのうち2名が死亡しました。

6-4 屋内消火栓設備の検討

●屋内消火栓の位置、台数の検討

屋内消火栓を設置する位置について、平面図をもとに検討します。防護範囲は1号消火栓で25m、2号消火栓では15mです。対象階すべてが覆えるように配置します。この配置が決まると必要な台数も確定します。

●消火用水槽の検討

水槽（水源）の有効容量は1号と2号では設定が違うので計算を間違えないようにします。

●配管系統の検討

機器の配置を決定後、配管系統の検討を進めます。

●配管管径の検討、屋内消火栓の付属品の検討

主管（立管）口径は、1号は50A以上、2号は32A以上で計画します。これにあわせてノズルやホースなどの付属品を計画します。配管にはポンプが起動しない場合に備えて補助用高架水槽を設置します。容量は500（L）以上［2号消火栓のみの場合は300（L）以上］とし、25A以上の配管により自動的に給水できるものについては200（L）以上とすることができます。

●消火ポンプの検討

消火ポンプは1号と2号消火栓では仕様が違うので注意が必要です。消火ポンプの設置位置が水源（水槽）よりも高い場合は、消火ポンプのケーシング内を水で満たしておく必要があるため、呼水槽を設置する必要があります。ポンプを運転する際に十分な圧力が確保されているか確認するために、最も圧力が低くなる屋上にテスト弁を設置して確認します。このテスト弁は消火栓の放水圧力試験を実施するための弁となります。テスト弁の大きさは1号、

消火栓は呼び径 40A、易 1 号消火栓は呼び径 30A、2 号消火栓は呼び径 25A
で屋上に設置します。

図 6-4-1　屋内消火栓設備検討の流れ

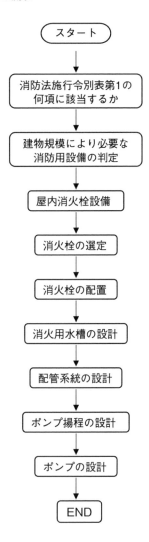

6-5 スプリンクラー設備

●閉鎖型と開放型

　スプリンクラー設備は火災発生初期、小規模のうちに初期消火を行うための散水式の自動消火設備です。使用されるスプリンクラーヘッド（水の放出口）の種類により、閉鎖型と開放型に大きく分類されます。

　通常の計画においては閉鎖型湿式タイプを用いて、火災時にその熱でスプリンクラーヘッドが解放され散水し初期消火を行うように計画します。劇場の舞台部分などは高さ（場合によっては30m以上）があるため、火災が発生しても熱が伝わる前に火災が進行してしまいます。消火が間に合わなくなる恐れもあるので、同時に複数のスプリンクラーが散水できるように感熱部を持たない開放型のスプリンクラーヘッドが用いられます。大規模の建築物には、スプリンクラー設備が設置されます。天井内配管など屋内消火栓と同等の設備が必要になります。

●スプリンクラーの設備計画

　平面図において消防法で規定された水平距離内にスプリンクラーヘッドを配置します。その際、スプリンクラーヘッドからの放水でカバーできない部分（柱周りや、階段裏など）が発生しないように注意して計画する必要があります。配置したスプリンクラーヘッドの台数を算定します。

・**消火用水槽の計画**：消火用水槽の容量をスプリンクラーヘッドの台数から算定します。スプリンクラーヘッド1台あたり1.6㎥で計算します。

$$V = ヘッドの台数 \times 1.6 （㎥）$$
$$V：消火用水量有効容量（㎥）$$

- **配管系統の計画**：ヘッドの台数決定後、配管系統の計画を行います。
- **配管管径の計画**：配管管径の検討を行います。各ヘッドが設置される配水管（枝管）は取付け可能な台数が配管径により異なるので注意が必要です。
- **消火ポンプの計画**：スプリンクラーヘッドのタイプやポンプの揚程、配管の摩擦損失水頭などを設定しポンプの仕様を決定します。

図 6-5-1 スプリンクラー設備計画検討の流れ

6・消火設備

●屋外消火栓の技術基準

屋外消火栓は、周囲の建物からの延焼抑制や、軒高の高い建物、工場や倉庫などの初期消火を行うために設置される消火設備です。屋外消火栓の技術的基準を表6-6-1に示します。

構成は水源（水槽）、ポンプ、配管、屋外消火栓などで構成されます。屋外消火栓のタイプは、屋内消火栓と同様に、消火栓弁・ホース・ノズルを内蔵した屋外消火栓箱型と地下ピット格納型、地上スタンド型があります。

地下ピット格納型と地上スタンド型は、設置位置から歩行距離5m以内にホース格納箱の設置が必要です。半径40mの円で建物各部を覆うことができるように配置する必要があります。開閉弁は地盤より1.5m以下（地上スタンド式）、深さ0.6m以内に設置します。地下ピット格納型の場合ホース接続口は深さ0.3m以内に設置する必要があります。

●屋外消火栓設備計画の流れ

- **屋外消火栓設置の計画**：屋外消火栓の配置は防火対象物の各部から1台のホース接続口までの水平距離を40m以内とします。その位置は防火対象物の出入口または開口部付近とします。
- **消火用水槽の計画**：水源の水量は屋外消火栓1台あたり7㎡必要となります。そのため消火用水槽の容量 V は下記の計算で算出されます。

V = 設置台数 × 7（㎡）

V：消火水槽容量（L）（設置台数は最大2）

- **配管系統の計画**：屋外消火栓の台数、配置を決定し、配管系統の計画を行います。
- **配管管径の計画**：配管管径は屋内消火栓に準じて算定します。

・**消火ポンプの計画**：屋内消火栓設備に準じて算出します。

表 6-6-1　屋外消火栓設備の技術基準（概要）

基準項目	基準内容
屋外消火栓配置基準	消火栓を中心とした半径 40m の円に建物全体が覆われるように配置を行う。
放水圧力（MPa）	0.25 ～ 0.6
放水量（L/min）	350 以上
主管立て管（mm）	65 以上
消火栓弁呼び径（mm）	65
ホース呼び径・長さ（m）	65 x 40
ポンプ吐水量（L/min）	消火栓設置数 1 個：400 以上 消火栓設置数 2 個以上：800 以上
ポンプの起動	制御盤での直接起動、または消火栓箱の起動押しボタンによる遠隔操作起動
水源水量（㎥）	消火栓設置数 1 個：7.0 以上 消火栓設置数 2 個以上：14.0 以上

6・消火設備

図 6-6-1　屋外消火栓設備（模式図）

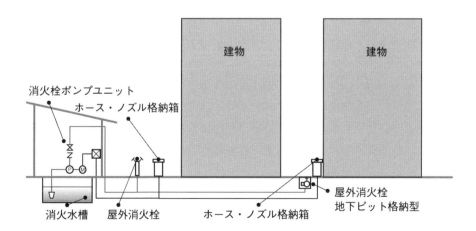

連結送水管設備

●消火活動上重要な設備

　連結送水管設備は消火活動上重要な設備です。火災発生の際に公設消防隊が使用して消火活動を行うための設備になります。**消防隊専用栓**とも呼ばれます。しくみは送水口に消防ポンプ車から送水管を連結することで、各階設置の放水口から加圧状態の放火用水が得られるしくみとなっています。そのため消防隊は、ホースを火災現場付近の放水口に接続するだけで消火活動を行うことが可能です。

　連結送水管には乾式方式と湿式方式があります。一般的には湿式が採用され、送水口・配管・放水口などで構成されます。火災が発生した際には消防ポンプ車が1階外壁や外部に設置された送水口に接続します。そして送水口から内部の配管に向けて圧力水を送水します。公設消防隊は火災発生場所近くまでホース・ノズルを持ち込みます。このホースを建物内各所に設置された放水口に接続して放水による消火活動を行います。11階以上の放水口は双口形とし、ホースノズルを建物側で設置します。高さが70mを超える建築物の場合は途中階にブースターポンプを設置します。

●連結送水管設備計画の流れ

　放水口は3階以上の各階ごとに設置します。放水口を中心として半径50m（アーケードおよび道路に供する部分は25m）の円ですべての床面が覆われるように配置します。設置場所は階段室や非常用エレベーターの乗降ロビー、その他これらに類する場所で消防隊が有効に消火活動を行える場所とします。送水口は連結送水管の立て管の数以上の双口形を地盤面から0.5〜1.0mの高さに設置します。

　各階に設置する放水口は口径65mmの単口とします。取付高さは床面から0.5〜1.0mとします。放水口または格納箱には「放水口」と表示するか「消防章」を設けます。11階以上に設置する放水口は双口形（または単口形2個）

としてホース（L=20m）4本以上・ノズル2本以上を常備するホース格納箱を1つの直通階段について回数3以内ごとに、放水口から歩行距離5m以内で消防隊によって有効に消火活動が行える位置に設置します。これらの条件は自治体により規定が変わる場合があるので確認が必要です。

・**配管系統図の計画**：送水口、放水口などの配置を決定し、配管系統を計画します。
・**配管管径の計画**：連結送水管の主管の管径は原則100mmとします。枝管は65mmとします。また送水口への接続配管は100mmとします。

図6-7-1　連結送水管設備の構成

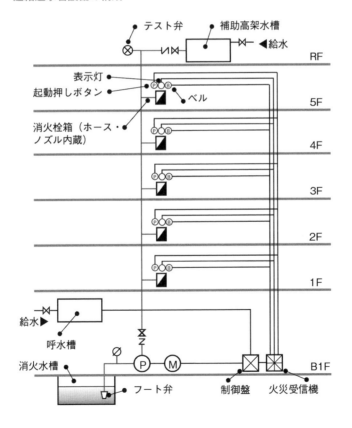

6・消火設備

137

連結散水設備

●開放型と閉鎖型

連結散水設備は消火活動において必要な設備です。火災が発生すると煙が充満して消火活動が困難となる地下街へ設置することを想定しています。連結散水設備は、開放型と閉鎖型の2種類があります。設備全体は散水ヘッド、配管、弁類および送水口などで構成されています。火災の際には消防ポンプ車が火災発生している送水区域の送水口から圧力水を送水します。圧力水は開放型散水ヘッドから放水され消火が行われます。送水口は、送水区域ごとに設置される方法と送水口は1つです。選択弁で送水区域を選択する方法があります。

●散水ヘッドの取付位置、設置数の検討

散水ヘッドの取付け位置を基準に従い検討します。また、送水口の設置位置に関しても基準に従い検討します。散水ヘッドはヘッドを中心とした半径3.7mの円で送水区域べてが覆われるように配置します。送水口は地盤面から高さが0.5〜1.0mの箇所または地盤面からの深さが0.3m以内の箇所に双口形を設置します。送水区域内のヘッド数が4個以下の場合は単口形となります。送水口の直近に連結散水設備の送水口である旨を表示した標識並びに送水区域、選択弁（送水区域を選択する場合）および送水口を明示した系統図を設けます。

●送水区域の計画

同一送水区域に設置する散水ヘッドの種類は1種類とします。1つの散水区域に設置する散水ヘッドの数は10個以下、閉鎖型スプリンクラーヘッドでは20個以下とします。送水口1箇所で複数の送水区域を受け持つ場合は、送水区域を選択できる選択弁を送水口付近に設置します。

●配管系統の計画

送水口、散水ヘッドの配置を決定し、配管系統を計画します。

●配管系統の計画

配管管径は散水ヘッドの個数により計画します。配管材料は鋼管類、ステンレス鋼鋼管が用いられます。

表 6-8-1　散水ヘッド数と配管径

散水ヘッド数	1	2	3	4～5	6～10
配管径（A）	32以上	40以上	50以上	65以上	80以上

💬 水撃作用

　水が流れている状態で、配管内の水の流速が急激に速くなったり急に閉止したりすると流れている水の慣性により配管内に水の衝撃作用が働きます。この衝撃作用をウォーターハンマー（水撃作用）と呼びます。衝撃による圧力波が配管内に伝わり振動や騒音の発生、漏水や配管の損傷を起こす場合があります。ウォーターハンマーは配管内の流速に比例して大きくなるため、配管内の流速を 2.0（m/sec）以下に抑えます。また、対策として水栓の枝管頂部などにエアチャンバーを設ける方法や、給水管にウォーターハンマー防止器を設けることなどがあります。

消火ポンプ（加圧送水装置）

消火ポンプ（加圧送水装置）は消火設備において必要な圧力水をつくり出すための設備になります。ポンプ方式、高置水槽方式、圧力水槽方式などがあります。消火ポンプは消火設備において重要な働きを担うので、火災発生時にスムーズに作動するようにさまざまな工夫が行われ技術基準が設定されています。

●消火ポンプ（加圧送水装置）の技術基準

①設置場所は点検に便利で火災の恐れがない場所とする。

②ポンプ性能は、定格吐出し量（法規上の必要吐出し量）の1.5倍を吐出した場合でも、揚程は定格揚程（法規上の必要揚程）の65%以上あるものとする。

③水源の水位がポンプよりも低い位置にある場合は、専用の呼水装置を設置する。この呼水装置には、自動給水装置と水位が1/2以下になった場合に防災センターや管理人室などに警報を発する減水警報装置を設置する。

④ポンプの性能を試験するための試験装置（流量計）を設置する。

⑤ポンプの締切り運転時の加熱防止のための逃し配管を設置する。

⑥ポンプの吸込み側に連成計、吐出し側に圧力計を設置する。

⑦地震時の振動に耐えるための装置を設ける。

消火用ポンプは平成9年消防庁告示第8号（加圧送水装置の基準）に適合するものでなければなりません。ポンプには呼水装置・流量計・制御盤などが一体化されて基準に適合した消火ポンプユニットが使われています。一般的にユニットⅡ型が多く採用されています（表6-9-1）。

消火設備は設備によりポンプに求められる揚程や吐出能力が異なります。

屋内消火栓設備の場合は、1号消火栓ではポンプの吐出能力は消火栓設置個数（最大2）に150（L/分）を掛けた数値となります。2号消火栓では消火栓設置個数（最大2）に70（L/分）を掛けた数値となります。

表 6-9-1　消火設備ポンプユニットの認定品区分

機器　　　　　　区分	基本型	ユニットⅠ型	ユニットⅡ型	ユニットⅢ型	単独制御盤
ポンプ	○	○	○	○	
電動機	○	○	○	○	
フート弁	○	○	○	○	
圧力計・連成計	○	○	○	○	
呼水装置		○	○	○	
制御盤			○	○	○
ポンプ性能試験装置		○	○	○	
バルブ類		○	○	○	
水温上昇防止用逃し装置		○	○	○	
非常動力装置				○	

図 6-9-1　屋内消火栓設備のポンプ

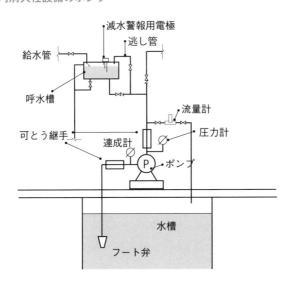

●ポンプの揚程（ようてい）

- **ポンプで必要な能力**：揚程により算定されます。ポンプの全揚程は次の式により算出されます。

$$H = h_1 + h_2 + h_3 + h_4$$

H：ポンプの全揚程（m）

h_1：消防用ホースの摩擦損失水頭（m）

h_2：配管の摩擦損失水頭（m）

h_3：落差（m）

h_4：ノズル放水圧力に相当する水頭（m）

h_1 は、消防用ホースの摩擦損失水頭（m）は表 6-9-2 より 1 号消火栓の場合は、40A のホースを用いて 150（L/ 分）の流量とすると 0.12（m/m）であり、ホースの長さが 30（m）なので 3.6m となります。

h_2 は、配管の摩擦損失水頭（m）は配管内を規定流量流れる場合の損失となります。

h_3 は、落差（m）は、フート弁から最上階の消火栓弁（またはテスト弁）までの高さです。

h_4 は、ノズル放水圧力に相当する水頭（m）は表 6-9-2 より 1 号消火栓、易操作性 1 号消火栓、2 号消火栓（ロ）の場合は放水圧力 0.17（MPa）以上のため 17（m）、2 号消火栓（イ）の場合は 0.25（MPa）以上のため 25（m）となります。

- **配管の摩擦損失**：消火設備における配管の摩擦損失水頭の計算式は、平成 20 年消防庁告示第 32 号にて示されています。配管用炭素鋼鋼管の場合は、式により算出される 1 m あたりの摩擦損失水頭に、総配管長を乗じて計算します。総配管長は、実管長に継手類の相当管長を加えたものとします。

$$Hk = 1.2 \times Qk^{1.85} / Dk^{4.85} \times 1/100$$

Hk：呼び径 k の配管に Qk が流れた場合の 1m あたりの**摩擦損失水頭（すいとう）**（m/m）

Qk：呼び径 k の配管内の流量（L/min）

Dk：呼び径 k の管内径（cm）

$$hk = Hk \times (Lk_1 + Lk_2)$$

hk：呼び径 k の配管の摩擦損失水頭（m）

Lk_1：呼び径 k の配管の実管長（m）

Lk_2：呼び径 k の配管の継手類の相当管長計（m）

表 6-9-2　配管の摩擦損失水頭表（100m あたり 単位：m）

流量 (L/min) ＼ 呼び径	25A	32A	40A	50A	65A	80A	100A	125A	150A	200A
70	22.15	6.33	3.00	0.98	0.28	0.12	0.03	0.01	0.004	
140	79.85	22.8	10.83	3.71	1.00	0.43	0.11	0.04	0.01	
150			12.30	3.82	1.13	0.49	0.13	0.05	0.02	
300			44.35	13.76	4.08	1.76	0.48	0.17	0.07	0.02
400					6.95	3.00	0.82	0.29	0.12	0.03
800					25.04	10.80	2.96	1.03	0.45	0.12

　他の管種の場合は告示の算定式から計算します。**継手類の相当管長**は告示
に示されています。配管用炭素鋼鋼管の場合の相当管長は表6-9-3のように
なります。

　配管の摩擦損失水頭（m）の計算方法は以下のように行います。

①ポンプから最も遠い（最も摩擦損失が大きい）消火栓（テスト弁）まで
　の系統図を作成します。作成の際に継ぎ手などの個数も数えられるよう
　にします。
②系統図に管径または流量が変わる点に記号（A・Bなど）を記入します。
　管径別、流量別の区間を定めます。区間ごとに管径、実管長および流量
　を記入します。

表 6-9-3　継手類の相当管長（一部）

種別		呼び径（A）	25	32	40	50	65	80
管継手	ねじ込み式	45°エルボ	0.4	0.5	0.6	0.7	0.9	1.1
		90°エルボ	0.8	1.1	1.3	1.6	2.0	2.4
		リタンベンド（180°）	2.0	2.6	3.0	3.9	5.0	5.9
		チーズまたはクロス（分流90°）	1.7	2.2	2.5	3.2	4.1	4.9
	溶接式	45°エルボ ロング	0.2	0.2	0.3	0.3	0.4	0.5
		90°エルボ ショート	0.5	0.6	0.7	0.9	1.1	1.3
		90°エルボ ロング	0.3	0.4	0.5	0.6	0.8	1.0
		チーズまたはクロス（分流90°）	1.3	1.6	1.9	2.4	3.1	3.6
バルブ類		仕切弁	0.2	0.2	0.3	0.3	0.4	0.5
		玉形弁	9.2	11.9	13.9	17.6	22.6	26.9
		アングル弁	4.6	6.0	7.0	8.9	11.3	13.5
		逆止弁（スイング型）	2.3	3.0	3.5	4.4	5.6	6.7

注：配管用炭素鋼鋼管（SGP）。JIS G 3452 に応じた継手類およびバルブ類を使用する場合。

③区間ごとに表6-9-3により継手類の相当管長（Lk_2）を算出して実管長（Lk_1）を加えて総管長とします。総管長に摩擦損失水頭（Hk）を乗じて、各区間の摩擦損失水頭（hk）を計算します。

④各区間の摩擦損失水頭を合計して全体の配管の摩擦損失水頭（h_2）を計算します。

揚程とはポンプが液体をあげる高さのことをいいます。ポンプの吸込み水面から吐出し水面までの鉛直距離を実揚程といいます。両水面に加わる圧力および管路途中の各種抵抗によるエネルギー損失を考慮して実揚程に加算したものを全揚程といいます。全揚程はポンプが単位重量の液体に対して実際に与えるべきエネルギーを表しています。

6-10 消火器設備

●消火器設備

　消火器設備は消防法では「水、その他の消火剤を圧力により放射して消火する器具で人が操作するもの」と定義されています。最も一般に普及している消火器は粉末消火器（加圧式 ABC 消火器）です。火災は一般的に燃焼物により以下の 5 種類に分類されます。

・**一般火災（A 火災）**：木材、紙などの一般的な可燃物の火災で住宅火災
・**油火災（B 火災）**：可燃性液体（ガソリン）・油などの火災
・**電気火災（C 火災）**：感電の危険が伴う電気室、発電機などの火災
・**金属火災（D 火災）**：マグネシウム・ナトリウムなどの金属の火災
・**ガス火災**：都市ガス・液化ガスなどの可燃性ガスの火災

　消火器は A、B、C 火災に対して、それぞれに対応した消火器として製作されています。表 6-10-1 に消火器の種類と適応する火災、特徴をまとめました。

●パッケージ型消火設備

　パッケージ型消火設備は一定規模以下の防火対象物において、屋内消火栓設備の代替え設備として設置することができます。ノズル、ホース、リールまたはホース架、消火薬剤貯蔵容器、起動装置、加圧ガス容器などを格納庫に収納した設備です。貯水槽、ポンプ、配管などが不要となっています。人が操作してホースを延長し、ノズルから消火薬剤を放射して初期消火を行うことを目的とした消火設備です。Ⅰ型とⅡ型があり、それぞれに技術基準が定められています。

表 6-10-1　消火器の種類と特徴

消火器の種類	適応想定火災	特徴
粉末消火器 （ABC 消火器）	A 火災 B 火災 C 火災	窒息効果および負触媒効果により抑制あり。水と違い、浸透力がないため再燃に注意が必要主流は蓄圧式。
強化液消火器	A 火災 B 火災：霧状 C 火災：霧状	消火には、水による冷却作用の効果とアルカリ金属塩による負触媒効果での抑制作用と再燃防止の作用が働く。
水消火器	A 火災 C 火災	消火には、燃焼面から気化熱を奪う冷却作用が働く。主流は、純粋に浸潤剤を入れたもの。
機械泡消火器	A 火災 B 火災	消火に対しては、被膜による窒息効果と冷却効果が作用する。フッ素系界面活性剤を使用しているものは、流動性が良く、可燃性液体の上などにも広がり燃焼面から空気を遮断して消火を行う。
化学泡消火器	A 火災 B 火災	消火に対しては冷却効果が作用するほか、膨張した泡が燃焼面を覆うことにより窒息効果が作用する。
二酸化炭素消火器	B 火災 C 火災	消火に対しては、若干の冷却効果が作用するが、主に窒息効果が大きく作用する。消火剤に窒息性があり人間に対しても危険なため、換気について有効な開口部を有しない地階、無窓階または居室には設置できない。

●フード等用簡易自動消火装置

　フード等用簡易自動消火装置は業務用の厨房などで天蓋部分や排気ダクト内部を防護対象物として、この部分の火災を自動的に感知して消火する消火設備です。構成は、感知部、放出口、放出導管、消火薬剤貯蔵容器ユニットなどになります。固定型の小規模消火設備です。消火薬剤放出の際には調理器具への燃料ガスの停止およびダクト内のダンパの閉止の作業が必要になります。手動起動装置を設置して、手動で消火薬剤を放出することもできます。

消火設備の必要性

●設置の義務化

消火設備の必要性については、「消防法施行令別表第1」により分類されています。表6-11-1に概要を示します。

表6-11-1　消防法施行令別表第1（一部）

項別		防火対象物の用途等
(1)	イ	劇場、映画館、演芸場又は観覧場
	ロ	公会堂又は集会場
(2)	イ	キャバレー、カフェー、ナイトクラブその他これらに類するもの
	ロ	遊技場又はダンスホール
	ハ	風俗営業等の規制及び業務の適正化等に関する法律第2条第5項に規定する性風俗関連特殊営業を営む店舗（ニ並びに(1)項イ、(4)項、(5)項イ及び(9)項イに掲げる防火対象物の用途に供されているものを除く。）その他これに類するものとして総務省令 で定めるもの
	ニ	カラオケボックスその他遊興のための設備又は物品を個室（これに類する施設を含む。）において客に利用させる役務を提 供する業務を営む店舗で総務省令で定めるもの
(3)	イ	待合、料理店その他これらに類するもの
	ロ	飲食店
(4)		百貨店、マーケットその他の物品販売業を営む店舗又は展示場
(5)	イ	旅館、ホテル、宿泊所その他これらに類するもの
	ロ	寄宿舎、下宿又は共同住宅
(6)	イ	病院、診療所又は助産所 ※平成28年4月1日以降は以下に分類。* 次に掲げる防火対象物 * (1) 次のいずれにも該当する病院（火災発生時の延焼を抑制するための消火活動を適切に実施することができる体制を有す る者として総務省令で定めるものを除く。） (i) 診療科目中に特定診療科名（内科、整形外科、リハビリテーション科その他の総務省令で定める診療科名をいう。(2)(i) において同じ。）を有すること。 (ii) 医療法（昭和23年法律第205号）第7条第2項第4号に規定する療養病床又は同項第5号に規定する一般病床を 　有すること。

表 6-11-1　消防法施行令別表第 1（一部）続き

項別		防火対象物の用途等
（7）		小学校、中学校、高等学校、中等教育学校、高等専門学校、大学、専修学校、各種学校その他これらに類するもの
（8）		図書館、博物館、美術館その他これらに類するもの
（9）	イ	公衆浴場のうち、蒸気浴場、熱気浴場その他これらに類するもの
	ロ	イに掲げる公衆浴場以外の公衆浴場
（10）		車両の停車場又は船舶若しくは航空機の発着場（旅客の乗降又は待合いの用に供する建築物に限る。）
（11）		神社、寺院、教会その他これらに類するもの
（12）	イ	工場又は作業場
	ロ	映画スタジオ又はテレビスタジオ
（13）	イ	自動車車庫又は駐車場
	ロ	飛行機又は回転翼航空機の格納庫
（14）		倉庫
（15）		前各項に該当しない事業場
（16）	イ	複合用途防火対象物のうち、その一部が (1) 項から (4) 項まで、(5) 項イ、(6) 項又は (9) 項イに掲げる防火対象物の用途に供され ているもの
	ロ	イに掲げる複合用途防火対象物以外の複合用途防火対象物
（16 の 2）		地下街
（16 の 3）		建築物の地階 ((16 の 2) 項に掲げるものの各階を除く。) で連続して地下道に面して設けられたものと当該地下道とを合わせ たもの ((1) 項から (4) 項まで、(5) 項イ、(6) 項又は (9) 項イに掲げる防火対象物の用途に供される部分が存するものに限る。)
（17）		文化財保護法の規定によつて重要文化財、重要有形民俗文化財、史跡若しくは重要な文化財として指定され、又は旧重要美 術品等の保存に関する法律の規定によつて重要美術品として認定された建造物
（18）		延長 50 メートル以上のアーケード
（19）		市町村長の指定する山林
（20）		総務省令で定める舟車

第 7 章

ガス設備

　一般的にガスは大きく分けて２種類に分けられます。都市ガスと LP ガスの２種類で、地域ごとにガスが使い分けられています。これらのガスを燃焼機器に供給する役割を果たすのがガス設備となります。

7-1 都市ガス・液化天然ガス

　都市ガスの原料は液化天然ガス（Liquefied Natural Gas）です。略して**LNG**と呼びます。LNGはメタンを主成分とした天然ガスを液化したもので、ほとんどを海外から輸入しています。LNGは工場で帰化され圧力を調整したあとに導管を通して需要者に供給されます。ガス事業法で定められているガス供給方式は圧力により区分されています。導管の途中に設置されたガバナ（整圧器）で圧力を下げて供給されます。

●種類

　ガスの種類は表7-1-1に分けられます。

表7-1-1　ガスの種類

項目 ＼ ガスの種類	都市ガス	LPガス
原料	・メタン（燃える気体）を主な成分に持つ天然ガス ・海外から輸入する液化天然ガス（LNG）が大半	・プロパン・ブタンを主成分に持つ液化石油ガス（LPG） ・LPGは大半を海外から輸入
原料の特徴	・無色、無臭　ガス漏れ時にすぐ気がつくように匂いを加えている。 ・マイナス162℃に冷却すると液体になり、体積が1/600となる。	・無色、無臭。ガス漏れ時にすぐ気がつくように匂いを加えている。 ・マイナス42℃に冷却すると液体になり、体積が1/250となる。 ・比重が空気より重い。 ・プロパンガスは同じ体積で都市ガスの2倍以上の熱を出す。 ・家庭用ガス機器は火力が決められているため、プロパンガスでも都市ガスでも火力は同じとなる。
供給方法	・道路下のガス管を通じて供給	・LPガスをボンベに入れて事業者から配送

●比重

都市ガスは空気よりも軽いため、室内では上部に溜まります。LP ガスは空気よりも重いため、室内の下部に溜まります。空気に対する比重は 13A で 0.66、LP ガスは約 1.5 です（表 7-1-2）。

表 7-1-2　ガスの比重

ガスの種類	空気に対する比重
都市ガス：13A	0.66
LP ガス	1.5
ブタンガス	1.9
ガソリン	3.4

● LP ガス

LP ガスは液化石油ガス（LPG：Liquefied Petroleum Gas）の略称です。略して **LPG** とも呼ばれます。プロパンやブタンを主体としたガスの総称です（表 7-1-3）。常温・常圧では気体です。圧力を加えて液化したものをガスボンベに充填して供給しています。自動切替調整器または帰化装置によりガス化します。発熱量は LNG の約 2 倍になります。

表 7-1-3　LP ガスの規格

名称	プロパンおよびプロピレンの合計量の含有率	エタンおよびエチレンの合計量の含有率	ブタジエンの含有率	相当JIS 規格	用途
い号液化石油ガス	80% 以上	5% 以下	5% 以下	1種1号	家庭用の主流
ろ号液化石油ガス	60% 以上80% 未満	5% 以下	5% 以下	1種2号	
は号液化石油ガス	60% 未満	5% 以下	5% 以下	1種3号	

7-2 ガスメーター

●ガスメーターの設置

　ガスメーターは計画地おけるガスの使用量を計量します。都市ガス・LPガスとも、コンピューターを内蔵して、ガスの流量や圧力の異常時や地震発生時など非常時にガスを止める安全機能付きのマイコンメーターが一般的に使用されています（表7-2-1）。

　ガスメーターの設置の注意事項は以下のとおりです。

①ガスメーターは1需要場所につき1個設置する。

②ガスメーターは水平に設置する。

③検針・維持管理の容易な場所であること。

④常に水気の影響を受けない場所や、振動などの影響を受けない場所など、ガスメーターに悪影響を及ぼす恐れのない場所であることを確認し設置する。

⑤電気設備との離隔距離について「電気設備に関する技術基準を定める省令」、「電気設備の技術基準の解釈」および各自治体の「火災予防条例」を満足する場所であることを確認し設置する。

⑥電線、電気開閉器、その他の電気設備が施設してあるパイプシャフト内、またはピット内その他、漏れたガスが滞留する恐れのある場所にガスメーターを設置する場合は換気口を設けるか、電気設備に防爆工事などの安全措置を講ずる。

⑦マイコンメーター設置の場合、前面からの復帰操作および表示ランプの目視確認が容易にできる場所にあることを再確認する。

表 7-2-1　ガスメーター（マイコンメーター）

機能	項目	想定作動状況
ガス遮断	ガス流量オーバー	ガス管の破損、ガス栓の解放、ゴム管外れなど急激にガスの流れが増加した場合
ガス遮断	継続使用時間	ガス機器の消し忘れなど、異常に長い時間流量の変化なく流れ続けた場合
ガス遮断	地震時	大きな地震（震度5以上）を感知した場合
ガス遮断	圧力低下	ガス管のトラブルなどでガスの圧力が低下（約0.3kPa以下）した場合
警報機能	ガス漏れ	ガスの微量漏れなど30日以上連続してガスが流れ続けた場合

図 7-2-1　ガスメーター

ガス・供給システム

●ガス栓・ガス管

　ガス栓は、形状や呼び径、過流出安全機構などにより違うため、使用機器や設置場所に応じて適したものを選択します。ガス管は屋内用は配管用炭素鋼鋼管を用います。屋外埋設用としてはプラスチック被覆鋼管やガス用ポリエチレン管が使用されています。

表 7-3-1　ガス栓の種類

ガス栓の種類		名称	接続部形状	特徴
ヒューズガス栓 （過流出安全機構を内蔵）	露出型 埋込型	ホースガス栓	ホースエンド	出口側がガス用ゴム管またはガスコードで直接接続できる形状のガス栓
		コンセントガス栓 （ガスコンセント）	コンセント	出口側が迅速継手のソケットで接続できる形状のガス栓
ねじガス栓 （入口側および出口側がねじ形状のガス栓）	露出型	可とう管ガス栓	ねじ	ガス機器近くで使用され、出口側に可とう管をねじによって接続できるガス栓
		機器接続ガス栓		接続具を用いず、ガス機器のガス接続部にガス栓の出口側を直接接続するガス栓
		ねじガス栓		可とう管ガス栓、機器接続ガス栓以外のねじガス栓

●ガス圧力

　ガスは圧力を加えて供給されます。この圧力は用途や、規模に応じて調整

されて供給されています。圧力は3種類で、高圧・中圧・低圧があります。ガス製造施設では高圧で導管に供給されます。高圧ガスはガバナ（整圧器）で中圧に減圧して必要施設に供給されます。主に工業用やビル冷暖房用でガスの消費量が多い施設で使われます。

　また、中圧導管は耐震性が高く、災害時にも安定的な供給が可能なのでそのような目的でも採用されています。低圧は一般的なビルや住宅で広く使用されています。

- **高圧**：1.0MPa 以上の圧力
- **中圧**：0.1MPa 以上 1.0MPa 未満の圧力。中圧を中圧 A（0.3MPa 以上 1.0MPa 未満）と中圧 B（0.1MPa 以上 0.3MPa 未満）に区分されることもあります。
- **低圧**：0.1MPa 未満の圧力

●ガス供給システム

　都市ガスは全体システムが揃うことで供給されています。ガス製造施設から供給されるガスがガスホルダーなどを経由してガバナ（整圧器）で中圧に調整されて中圧供給されます。中圧のガスは、さらにガバナ（整圧器）において低圧に調整されて一般的なビルや住宅に供給されます。工場からガス栓までの配管やガバナを含む設備を供給設備と分類します。配管に関しては全体を**導管**と呼びます。

- **導管**：ガス製造所の出口バルブから消費者の末端のガス栓までの配管。
- **本支管**：導管において、道路に並行して敷設された管です。大口径の導管を**本管**、小口径を**支管**と呼ぶこともあります。
- **供給管**：導管において、本支管から分岐して消費者の敷地までの配管。
- **内管**：導管において、計画敷地内にある配管。内管のうち、敷地に入ってからガスメーター（灯）までの配管を**灯外内管**、ガスメーターから計画施設側の配管を**灯内内管**と呼びます。
- **ガバナ**：**整圧器**とも呼ばれ、ガスを高い圧力から使用に適した圧力まで減圧するための装置。

7-4 ガス設備の計画

●事前調査項目

ガス設備は地域ごとの状況に合わせて計画を行います。そのため事前の準備および調査が必要です。事前調査項目を整理します。

①計画地域のガス事業者
②ガス種類・発熱量
③ガス本管（供給管）の情報：管種・管径・供給圧力・埋設深度・引込方法・工事区分・道路管理者
④ガス負担金
⑤機器などの認定
⑥ガス転換の可能性
⑦地域特性

●ガス機器の選定

ガス機器を選定する際に注意するのは以下の項目です。

①計画地のガス種類と適合する機器であることを確認する。
②安全性の確認は重要。
③扱いやすく、高効率の機器を選定する。
④十分な能力があることを確認する。
⑤開放式ガス機器（室内で燃焼するガス機器）を選定する際には必ず換気設備を設置して運用時に同時に動かす。
⑥ガス機器の設置場所に関しては火災予防条例に条件が規定されているので、それに従う。

●設置場所および吸排気設備の計画

　ガス機器は、吸排気の方式により、開放式、半密閉式、密閉式、屋外用に分類されます（表7-4-1）。

表 7-4-1　ガス機器の分類

設置場所	分類		区分の内容	吸排気方式
屋内	開放燃焼式		燃焼用に屋内の空気を用いて、燃焼排ガスをそのまま屋内に排出する方式	開放燃焼式
	半密閉燃焼式	自然排気式	燃焼用の空気を屋内から取り入れ、燃焼排ガスを排気筒経由で、自然通気力により屋外に排出する方式	自然排気式（CF 式）
		強制排気式	燃焼用の空気を屋内から取り入れ、燃焼排ガスを排気用送風機で、強制的に屋外に排出する方式	強制排気式（FE 式）
	密閉燃焼式	自然吸排気式	給排気筒を外壁面を貫通して屋外に出して、自然通気力により給排気を行う方式	バランス外壁式（BF-W 方式）
			給排気筒を専用給排気筒に接続して屋外に出して、自然通気力により給排気を行う方式	バランスチャンバ式（BF-C 方式）
			給排気筒を共用給排気ダクト（U ダクトおよび SE ダクト）内に接続して、自然通気力により給排気を行う方式	バランスダクト式（BF-D 方式）
		強制給排気式	給排気筒を外壁面を貫通して屋外に出して、給排気用送風機で、強制的に給排気を行う方式	強制給排気式（FF 方式）
屋外	屋外式		屋外に設置し、給排気を屋外で行う方式	屋外式（RF 方式）

7・ガス設備

157

●ガス消費量および設置位置の検討

ガス機器の種類、数量、1時間あたりのガス使用量、機器の同時使用率から計算します。ガス機器の設置位置も平面で検討します。

●ガス栓と接続具の計画

ガス栓とガス機器の接続する部分においてガス漏れが起きないように計画し適した接続方法を選定します。配管位置を決めるために、ガス栓の位置も計画します。

●ガスメーターの選定と設置位置の計画

ガスメーターは計算したガス消費量に対応した能力の機器を選定します。ガスメーターはガス事業者が検針や交換を行うので、これらの作業を想定した位置に配置します。

●配管経路・配管位置の計画

配管の経路および位置は、安全性や施工性などに配慮して計画します。留意点は以下の項目です。

①道路（本支管）から計画地への引込みは1建物1本を原則とする。また、本支管とは直角に計画地に配管する。敷地内のガス配管の埋設深さは、一般車両が通過する可能性がある場所は300mm以上、車両重量がかからない場所では150mm以上とする。寒冷地では対処が必要。
②軟弱地盤の場合や重量建物へ引込む配管の場合は不等沈下対策を講じる必要がある。
③建築物の主要構造部の貫通は行わない計画とする。
④第三者の敷地へは配管を行わないようにする。
⑤外部から何らかの力が加わる場所への設置は避けて配管する。パイプシャフト内への配管を原則とする。
⑥建物のエキスパンションジョイント部分への配管は避けた計画とする。やむを得ず設置が必要な場合は双方の建物の相対変位を吸収する形にす

る。免震構造の場合は免震用の配管を計画する。

⑦分岐管や季節で使用する場合は、その部分には分岐バルブなどの開閉装置を計画する。

⑧ガス配管と電気設備配管との位置関係は「電気設備に関する技術基準を定める省令」および「火災予防条例」などに定める離隔距離を確保する。

⑨エレベーター昇降路内、受電室、変電室などの室内、煙突内など高温排気ガスのある場所へは配管をしない計画とする。

●配管口径の計画

配管口径は、設計流量のガスが流れたときにガス栓の出口において必要な圧力が確保できるように定めます。

●安全設備の計画

ガス設備には、万が一に備えてガス使用場所に応じた安全対策を設けます。

●引込み管ガス遮断装置

引込み管ガス遮断装置は、緊急時に地上から容易に操作できる装置で建物へのガス供給を遮断する目的で設置します。緊急ガス遮断装置や自動ガス遮断装置が作動後に、ガスの供給を停止したいときに人が操作する最後の遮断装置です。以下の施設が対象になります。

①ガス事業法告示に定める特定地下街、特定地下室、超高層建物、特定大規模建物、高層建物

②中圧以上のガスの供給を受ける建物

③引込み管内径が70mm以上の建物

④地下室・地下街でガスが充満する恐れのある場所への引込み管

●緊急ガス遮断装置

緊急ガス遮断装置は防災センターや守衛室など建物の保安状況を監視できる場所から直ちに供給ガスを遮断できる装置のことです。以下の施設が対象になります。

①ガス事業法告示に定める特定地下街、特定地下室、超高層建物、特定
　大規模建物
②屋内中圧建物

●ガス漏れ警報設備

　ガス事業法告示に定める特定地下街・特定地下室にはガス漏れ警報設備を
設置しなければなりません。表 7-4-2 に都市ガス警報器の分類、表 7-4-3 に都
市ガス警報器の設置を示します。

●自動ガス遮断装置または都市ガス警報器

　ガス事業法告示に定める超高層建物・特定大規模建物および屋内中圧建物
には自動ガス遮断装置または都市ガス警報器を設置しなければなりません。

表 7-4-2　都市ガス警報器

しくみ	内容
ガス漏れ警報設備	検知器（都市ガス警報器）を燃焼機器設置スペースおよび配管の外壁貫通部に設置し、その作動状況を中央監視室などで集中監視する設備。
都市ガス警報器	単体で燃焼機器設置スペースに個別に設置する方式。
自動ガス遮断装置	「マイコンメーター」として使用されている。ガスの漏洩や、流量異常などを感知すると自動的にガスを遮断するしくみを持つ装置。

表 7-4-3　都市ガス警報器の設置

感知対象ガス		燃焼器具からの水平距離	警報装置 取付高さ
都市ガス	比重が空気より軽い場合	8 m 以内	天井面などの下方 0.3 m 以内
	比重が空気より重い場合	4 m 以内	床面の上方 0.3 m 以内
液化石油ガス (LPG)		4 m 以内	床面の上方 0.3 m 以内

都市ガスの供給

●導管部分の法的な分離

　2017年から都市ガスの小売り全面自由化が始まりました。また、2022年4月からは導管部分を法的に分離し、ガス製造事業（LNG基地事業）、一般ガス導管事業、ガス小売事業の独立した3つに分類されました。

　ガス小売事業では、ガス販売の地域独占はなくなり、料金規制も原則撤廃されました。これによりすべてのガス小売事業者が、さまざまな料金メニューを提供できるようになりました。一般ガス導管事業においてはガスの導管網を維持する役割があるため地域独占が認められる形になっています。

❗ 逆サイホン作用

　通常、給水配管は加圧（正圧）状態で水が給水されています。そのため給水装置もしくは受水槽から給水栓に向けて一方通行で流れます。ところが断水や過剰な流量が流れることにより、給水管内が負圧になることがあります。このときに吐水された水が逆流し給水管に吸込まれていく作用が働きます。この作用を逆サイホン作用と呼びます。このような状況が発生する原因として高置水槽の清掃や水道管の破損、近隣の消火活動などがあります。防止方法としては、バキュームブレーカーの設置や逆流防止装置の設置などがあります。

●昇圧防止装置

　都市ガス（13A,12A など）は、比重が空気より軽いため、高層建築物などで高層階にガスを供給する場合は、ガスの圧力が自然と高くなります。ガスの静圧がガス事業者によって定められた供給圧力を超える場合に取付けるのが**昇圧防止装置**です。

●離隔距離

　ガス管と電線、ガス管と避雷導線を設置する際に事故が起きないように確保する距離のことを**離隔距離**といいます。離隔距離は省令にて定められています。

●ガスの単位

ガスに関する単位は平成 11 年から SI 単位に準拠しています。

- ・**W（ワット）**：ガス消費量の単位。1 ボルトの起電力で 1 アンペアの電流が流れたときに 1 秒間で発生するエネルギー。
- ・**N（ニュートン）**：力の単位。1kg の質量が物体に、$1m/s^2$ の加速度を与える力の大きさ。
- ・**J（ジュール）**：供給熱量の単位。1N の力がその力の方向に物体を 1m 動かすときのエネルギー。
- ・**Pa（パスカル）**：圧力の単位。1㎡に 1N の力がかかった際の圧力。

●ガス配管支持

　ガス配管は自重、振動、管の伸縮などを想定し、必要な間隔と強度を持つ支持具を使用して支持します（表 7-6-1）。配管を支持する目的は、配管の自重を支える自重支持と、管内の流体の動きや衝撃によってかかる力による座

屈などを防止することにあります。支持体を設置する下地は建築構造体など
の剛体を用います。地震などの外力がかかった際に、配管が大きな揺れを起
こすことを防止する振止支持と、地震時に加わる過大な力が配管にかかるこ
とを防止する耐震支持があります。

表 7-6-1　ガス配管支持間隔の基準（一部）

分類 \ 呼び径		15A	20A	25A	32A	40A	50A	65A	80A	100A
一本吊り支持間隔	鋼管 ステンレス鋼管	2m 以下								
	塩ビ管、耐火二層管およびポリエチレン管	1m 以下								2m 以下
	銅管	1m 以下								2m 以下
	鋳鉄管	1.5m 以下								
	ポリブデン管	0.6m 以下	0.7m 以下			1m 以下		1.3m 以下		1.6m 以下
	鉛管	1.5m 以下								
形鋼振れ止め支持間隔	鋼管、鋳鉄管、ステンレス管	—					8m 以下			
	塩ビ管、耐火二層管、ポリエチレン管、ポリブデン管	—		6m 以下			8m 以下			
	銅管	—		6m 以下			8m 以下			

●ガスの発熱量

　ガス燃焼器具はガスを用いて燃焼を行いその際に空気を必要とする火を扱う器具です（表7-7-1）。吸排気の方法により「開放型」「半密閉型」「密閉型」に分類されます。ガスの燃焼は発熱反応です。標準状態のガス $1m^3$（$1m^3$（N）と表す）が完全燃焼した際に発生する熱量を**発熱量**と呼び、MJ/m^3（N）で表されます。ガスの燃焼では水素が燃焼するので水蒸気が発生します。水蒸気の持っている熱量（潜熱）を除いたものを**低発熱量**（低位発熱量、真発熱量）と呼び、潜熱を含めたものを**高発熱量**（高位発熱量、総発熱量）と呼びます。都市ガスの発熱量は一般に高発熱量で表示されます。

●開放型ガス燃焼器具

　開放型は、燃焼用の空気を室内から取り入れ、排気ガスも室内に排出する方式です。室内の空気を汚染するため、燃焼中は酸素の欠乏や不完全燃焼を起こさないように随時換気が必要となる方式です。コンロ（調理器具）、ガスストーブ、ファンヒーターなどが該当します。

●半密閉型ガス燃焼器具

　半密閉型は、燃焼用の空気を室内から取り入れ、排気ガスを煙突などで屋外に排出する方式です。排気ガスによる室内空気の汚染は少ないですが、熱効率が下がる方式です。煙突付きストーブや湯沸器などが該当します。

●密閉型ガス燃焼器具

　密閉型ガス燃焼器具は、燃焼用の空気を屋外から取り入れ、排気ガスを屋外に排出する燃焼方式です。室内空気の汚染はありません。FF型暖房機などが該当します。

表 7-7-1　ガス機器の種類

大分類	機器名称	内容
調理機器	ガスコンロ	テーブルコンロ：コンロ台に設置して使用ビルトインコンロ：システムキッチンに組込むタイプ
	ガス炊飯器	ガスを燃焼する炊飯器
	ガスオーブン	ガスを用いたオーブン　電子レンジ機能を持つコンビネーションレンジもある
暖房機器	ガスファンヒーター	室内空気を使用して燃焼し排気を室内に出す開放式暖房器具　換気が必要
	ガスストーブ	輻射式もしくは対流式のストーブで対流ファンを持たないガス暖房機
	(半)密閉式ガス暖房機	吸排気筒により屋外の空気を使用して燃焼し、排気を屋外に出す密閉 (FF 式) 暖房機と、吸気は屋内の空気を使用し排気のみ屋外に出す半密閉式暖房機がある
温水機器	ガス温水給湯暖房システム	熱源機によりつくられる温水を利用してさまざまな暖房を行うシステム　暖房機能の他に給湯・追い焚きが可能なタイプの熱源機もある
	ガス開放型小型湯沸器	室内に設置して、主に台所の給湯に用いられる小型の湯沸器　換気が必要
	ガス給湯器	浴室や洗面所、台所などへ給湯する機器
	ガス給湯器付ふろがま	浴室や洗面所、台所などへ給湯し、追い焚きも可能な機器
	ガスふろがま	お風呂を沸かすことや追い焚き、シャワー給湯などを行う機器　室内設置と屋外設置の2種がある
衣類乾燥機	ガス衣類乾燥機	ガスの燃焼熱を利用した衣類乾燥機
ガス栓・接続具	ガス栓・ガス接続機器	ガス機器を供給、接続するための部材　ガス栓、ガスコンセント、ガスコード、ガス用ゴム管などのこと
カートリッジガスコンロ	カセットコンロ	カセットボンベをセットして使用するガスコンロのこと
	アウトドア用コンロ・ランタン	アウトドア用ボンベをセットして使用する屋外用のガスコンロ、ランタンのこと

7-8 液化石油ガス

●液化しやすいガス

液化石油ガスは **LPG**（Liquefied Petroleum Gas）または **LP ガス**と呼び、プロパンガス、ブタンガスなどの液化しやすいガスの総称です。主成分がプロパンの場合は**プロパンガス**、ブタンの場合は**ブタンガス**と呼びます。日本国内で供給される LP ガスは、JIS および液化ガス法により、組成や含有硫黄分の比率などが定められています。

●液化石油ガスの性質・特徴

- **液化しやすい**：LP ガスは常温・常圧では気体です。この気体に常温で低い圧力（1MPa 以下）をかけることにより液化が可能です。LP ガス容器には加圧して液化された LP ガスが充填されています。LP ガスは液化されると体積が 1/250 に圧縮されます。そのため輸送や貯蔵がしやすくなっています。
- **空気より重い**：空気を 1 とした比重はプロパンが約 1.5、ブタンが約 2.0 で空気より重いため、空気中に放出された場合は低い位置に滞留します。
- **燃焼時は大量の空気が必要**：プロパンは 1㎥を完全燃焼させるために、約 24㎥の空気が必要になります。さらに実際の燃焼時にはそれに加えてさらに 20 ～ 100％の過剰空気が必要になります。
- **着臭**：実は純粋な LP ガスは無色無臭です。安全面に配慮してガスが漏れてしまったときに感知しやすいように微量の硫黄系化合物で着臭しています。高圧ガス保安法では、空気中への混入比率が 1/1000 の場合でも感知できるように着臭することが定められています。

● LP ガスの関連法規

LP ガスの製造、貯蔵などに関する取扱いについて定められているのが高圧ガス保安法です。69 戸以下の一般消費者などにかかわる販売、設備工事、

器具などについては「液化石油ガスの保安の確保及び取引の適正化に関する法律」（液化石油ガス法）に定められています。

　大きな区分けで説明すると高圧ガス保安法は工業用にLPガスを使用する場合の規制などに関する法律です。液化石油ガス法は家庭用に使用する（一般消費者）場合の規制などに関する法律になります。

　その他に換気・防火の面から建築基準法、消防法などによる規制があります。LPガスに関する配管工事については、液化石油ガス法で規定される液化石油ガス整備士の資格が必要になります。70戸以上の一般消費者にLPガスを供給する場合はガス事業法により規制されます。

図 7-8-1　液化石油ガスの貯蔵タンク

液化石油ガスの供給方式

●戸別供給方式

各住戸に設置したLPガスのボンベ容器から配管などにより一般消費者に供給する方式です。最も一般的な供給方式として、容器の残量や、各消費者の使用量をガス供給事業者がコンピューターで管理しています。これによりLPガスがなくなる前にガスを供給することが可能になっています。

●集団供給方式（集中供給方式）

敷地内に設置されたLPガス供給施設（容器収納庫など）から導管などにより一般消費者に供給する方式です。規模により規定される法律が変わります。2戸以上69戸以下の一般消費者への供給に用いられる小規模導管供給方式（液化石油ガス法）と70戸以上の一般消費者への供給に用いられる簡易ガス供給方式（ガス事業法）に分類されます。

●バルク供給方式

バルク供給方式は、一般消費者または業務用消費者などに設置したバルク貯槽（ガス貯蔵タンク）に、移動式充填設備（バルクローリー）から直接LPガスを充填する供給方式です。この方式では容器をいくつも準備する必要がなく、さらに容器の交換場所も必要ありません。使用するバルク貯槽は地下への埋設も可能で、スペースを有効に使うことが可能です。

●大規模供給方式

工業用や業務用に大量に消費する施設においては、LPガスの消費量も多くなるため、貯蔵能力が必要とされます。その際に、貯蔵能力が一定の量を超えるとその設備に関する施設、設置位置、構造などについて法規に合わせた対応が必要となります。

●特定供給設備

LP ガスの容器による貯蔵能力が 3t 以上 10t 未満、または貯槽（バルク貯槽を含む）による貯蔵能力が 1t 以上 10t 未満のものを設置する場合は経済産業大臣または都道府県知事の許可が必要です。

●特定高圧ガス消費の施設

特定高圧ガス消費届を提出する必要がある施設として以下の条件が定められています。LP ガスの貯蔵能力が 3,000kg 以上であるもの、または他の事業所から導管により LP ガスの供給を受けているものになります。該当する場合は、消費のための施設、位置、構造および設備ならびに消費の方法などを都道府県知事に届け出る必要があります。

LP ガスは貯蔵や取扱いが容易です。また、各地で事業者も多く、都市ガス供給に地域で広く使用されています。

⚠ 水の配管

飲用水の配管とその他の系統の配管が接続された状態のことをクロスコネクションと呼びます。水の配管は上水以外に井水、中水、空調設備用配管、消火設備配管などがあります。これらの配管との接続は禁止されています。接続すると飲用水が汚染される恐れがあります。非常に重要な禁止事項です。

液化石油ガスによる燃焼機器

●使用ガス種類の検討

使用ガス種類はい号、ろ号、は号に分かれています。通常は「い号」が使われています。

●供給方式および気化方式の計画

気化方式は通常は自然気化方式が採用されます。寒冷地や大量にガスを使用する施設においては強制気化装置を用いて機械的に液体ガスを気体に変える方式が採用されます。

●最大ガス消費量の算定

最大ガス消費量（設計流量）を供給方式毎に計算します。

戸別供給方式のガス消費量の計算は、計画地内に設置するすべての燃焼器具のガス消費量の合計値になります。

$$Q = \Sigma \; (S)$$

Q：最大ガス消費量（kW）

S：燃焼器具の1時間あたりの消費量（kW）

各燃焼器具の消費量は、カタログ数値を用います。

設置する燃焼器具の詳細がわからない場合は表7-10-1の数値を利用して最大ガス消費量を計算します。

●集団供給方式

年間の最大需要日における1戸あたりの1日の平均ガス消費量を推定し、戸数別の最大ガス消費率により計算します。

$Q = C \times q \times K$

Q：最大ガス消費量（kW）

q：年間の最大需要日における1戸あたりの1日の平均ガス消費量（kW）

K：最大ガス消費率

C：消費者戸数（戸）

　平均ガス消費量は設置する燃焼器具の使用状況から表を用いて設定する。最大ガス消費率は消費戸数による同時使用率を想定した割合です（表7-10-2）。消費戸数が4戸までは100%とします。

表7-10-1　燃焼器具別ガス消費量（参考値）

種類	消費量
32号給湯器	69.2（kW）＝ 4.94（kg/h）
24号給湯器	52.3（kW）＝ 3.74（kg/h）
20号給湯器	43.6（kW）＝ 3.11（kg/h）
16号給湯器	34.9（kW）＝ 2.49（kg/h）
5号給湯器	11.0（kW）＝ 0.79（kg/h）
給湯器追い焚き機能	11.6（kW）＝ 0.83（kg/h）
風呂釜8号	17.9（kW）＝ 1.28（kg/h）
風呂釜追い焚き機能	9.8（kW）＝ 0.70（kg/h）
ガスエアコン	6.4（kW）＝ 0.46（kg/h）
ガスファンヒーター8-10畳用	3.5（kW）＝ 0.25（kg/h）
ガス乾燥機	4.7（kW）＝ 0.34（kg/h）
浴室暖房機	7.2（kW）＝ 0.51（kg/h）
ガスストーブ8-10畳用	3.3（kW）＝ 0.24（kg/h）
グリル付きテーブルコンロ	9.7（kW）＝ 0.69（kg/h）
ガス炊飯器	2.3（kW）＝ 0.16（kg/h）

7・ガス設備

表 7-10-2　業種別同時使用率

店舗種類	同時使用率 (%)	床面積あたり標準ガス使用量（kW/㎡）
喫茶店	70	0.5 ～ 0.8
レストラン・和食店	80	1.0 ～ 1.3
中華料理店	90	1.8 ～ 2.1

●業務用供給方式

①設置する燃焼器具と使用状況が明らかな場合は、その状況に合わせて計算したガス消費量を最大ガス消費量とする。

②設置する燃焼器具は決定しているが、使用状況が明確でない場合は、1時間あたりのガス消費量の合計に同時使用率を乗じることにより最大ガス消費量を計算する。

③設置する燃焼器具が明確でない場合は表を用いて最大ガス消費量を計算する。

事務所・病院・学校など、設置する、すべての燃焼器具を合計します。同一機種が複数設置されている場合は、機種別に1時間あたりのガス消費量に表 7-10-3 の数値を乗じて計算した機種別ガス消費量を合計して最大ガス消費量を計算します。

テナントビルなど、用途の異なる消費者が混在する場合には、それぞれの最大ガス消費量を算定し、その合計を最大ガス消費量とします。

表 7-10-3　同一機種別同時使用率

機器台数	給湯室給湯器	手洗い用湯沸器[注1]	宿泊施設の暖房機器[注2]
1 ～ 5	100	100	100
6 ～ 10	70	70	95
11 ～ 15	60	50	80
16 ～ 20	55	30	78
21 ～	55	30	75

注1）病院・診療所の患者用テーブルコンロ類
注2）病院・診療所の医療機器、学校の実験室・工作室・体育館などの特別教室のガス機器類

⚠️ 水道の普及

　明治23年（1890年）に水道の全国普及と水道事業の市町村による経営を目的とした水道条例が制定され、水道は急速に広がりました。水道水の塩素消毒は1922年に始まり、常に塩素消毒を行うようになったのは、第二次世界大戦の終戦後となります。昭和32年（1957年）に制定された水道法により、蛇口で検出される塩素の濃度（残留塩素濃度）を0.1mg/dℓ以上保持するように定められています。つまり、水道事業者などは、必ず塩素消毒を行わなければならないことが規定されました。水道の普及率は、昭和25年（1950年）において26.2%でしたが、令和2年（2020年）では98.1%となっています。

●ガス栓の計画

　配管の途中に設置する中間ガス栓とガス器具との接続部に設置する末端ガス栓があります。中間ガス栓は弁体構造が円柱状のタイプと球状のタイプがあります。円柱状のタイプの材質は弾性材と金属すり合わせがあります。末端ガス栓には、ホースガス栓（ヒューズ機構付きに限る）と可とう管ガス栓（機器接続ガス栓を含む）があります。ホースガス栓には露出型と埋込型があります。コンセント型にはつまみがあるタイプとないタイプがあります。選定する際には使用目的と用途、使用場所に適合し燃焼器具にも対応したもので検査合格証票が添付されたものを選定します。

●接続具の計画

　LP ガス用の燃焼器具と末端ガス栓との接続具には、以下のタイプがあります。

　①燃焼器用ホース
　②金属フレキシブルホース
　③継手金具付低圧ホース（屋内で使用する際には銅線入りに限る）
　④ゴム管
　⑤金属管（硬質管）

　上記②の金属フレキシブルホース、③の継手金具付低圧ホース、⑤の金属管（硬質管）は両端ともにネジ接続用になっています。接続具の選定においては接続する燃焼器具が固定式か移動式であるかにより選択する必要があります。固定式燃焼器具との接続には、ネジ接続の接続器具を選択します。GHP のように固定式であっても、振動が発生する燃焼器との接続にはネジ接続の燃焼器用ホースを選択します。移動式燃焼器具との接続の場合は、燃

焼器用ホースや迅速継手付ゴム管などを選択します。入り口側の接続方法が迅速継手やホースエンド差し込みの場合は、ヒューズ機構付きのガス栓との接続に限られます。

●容器数の算定

容器数の算定には、容器のガス発生能力の合計が、その一般消費者などの最大ガス消費量以上となるように容器の容量と本数を決定します。

$$N = Q / (V \times 14)$$
N：容器設置本数（本）
Q：最大ガス消費量（戸別）（kW）
V：標準ガス発生能力 ［kg ／（h・本）］

標準ガス発生能力は、設置容器の大きさと消費時の外気温度およびピーク時間の要素から想定します。

●容器の設置場所

①設置場所は建物の外観、LP ガスの供給などに支障のない場所を選定する。囲いを設ける場合は発火リスクを避けるように注意する。

②容量 20（L）以上の容器の場合、常に温度を 40℃ 以下に保つ措置を行う。また、火器を使用する場所から 2m 以上離して設置します。風通しの良い場所に設置することも必要。

③容器は、湿気や水滴などによる腐食を防ぐようにする。設置にあたり容器が転落、転倒によりバルブなどが損傷しない防止措置を行う。

④容器内で液移動による液封状態を防ぐための措置を行う。
　・容器間に温度差が生じないように容器収納庫内に設置する。
　・集合装置の高圧ホースは集合用高圧ホースを用いる。
　・連結用高圧ホースを用いる場合には液封防止型連結用高圧ホースを用いる。

⑤貯蔵設備の広さは、容器交換作業に支障がなく、調整器、集合管および気化装置の点検・修理・交換のスペースを確保したものとする。

⑥貯蔵設備からのガス漏れを防止する措置を行い、安全機器などの設置
も行う。

●供給用貯蔵設備設置場所

①供給用貯蔵設備は貯蔵能力（容量）に応じて保安物件（液化石油ガス法
に定められた施設）からの距離を保安距離として確保する。
　・貯蔵設備と保安物件の保安距離は表7-11-1のようになる。
　・保安距離が確保できない場合は、厚さ12cm以上の鉄筋コンクリート
　　造、またはこれと同等以上の強度を有する構造の障壁を設置すること
　　で保安距離を短縮することができる。
②貯蔵設備は、その外面から火気を取り扱う施設に対し下記の距離を確保
する。
　・貯蔵能力が1,000kg以上3,000kg未満の場合は5m以上
　・貯蔵能力が3,000kg以上の場合は8m以上
③貯蔵能力が1,000kg以上の貯蔵設備には消火設備を設置する。

表7-11-1　ガス設備の保安距離

貯蔵量	距離（m）							
	容器				バルク貯蔵			
	d1	d2	火気1	火気2	d1	d2	火気1	火気2
1,000kg 未満	—	—	2以上	—	1.5	1	2以上	—
1,000kg 以上 3,000kg 未満	16.97	11.31	16.97	16.97	16.97	16.97	16.97	16.97

d1：第一種保安物件（学校・病院など）と貯蔵設備の距離
d2：第二種保安物件（民家・アパート）と貯蔵設備の距離
火気1：タバコの火・ストーブの火と貯蔵設備の距離
火気2：火気取扱施設（ボイラー・ストーブ）と貯蔵設備の距離

●調整器・ガスメーターの選定と設置の計画

　調整器は容量に余裕を持たせて選定します。家庭用の調整器では使用機器が増えるなど需要が増えた際の容量不足による圧力の低下を防ぐために、最大ガス消費量の1.5倍の容量の機器を選定します。供給圧力を常に監視する機能（マイコンメーターを用いた集中監視など）を設置していて、かつ二段式調整器および自動切替え式調整器を使用する場合は、最大消費量の1.0倍以上の容量とすることができます。調整器の形式は使用形態に適合したタイプとします。

●選定

①容器による戸別供給方式の場合、二段調整器または自動切替え式調整器を選定する。少量消費で小型容器が用いられる場合は、単段式調整器を選定する。

②容器による集団供給方式の場合、二段式調整器または自動切替式調整器を選定します。

③バルク供給方式では、二段式調整器を選定する。

④寒冷地においては、雪害事故防止のために高圧ホースを用いた二段式調整器または自動切替え式調整器を選定する。

●調整器の設置場所

　調整器は容器収納庫内に設置します。容器収納庫内に設置することができない場合は、屋外の風通しのよい場所かつ容器交換や設備点検などが容易に行える場所に計画します。計画地が寒冷地や積雪地などの場合は凍害や雪害の恐れがない場所にするか容器収納戸内に設置します。

7・ガス設備

●ガスメータの計画

　ガスメーターはマイコンメーターを選定します。業務用であり容量が大きな場合でマイコンメーターが使えない場合は、一般のガスメーターを設置します。この場合は、耐震自動ガス遮断機および警報連動遮断装置を併設します。容量はマイコンメーターの場合は最大ガス消費量の 1.0 倍のタイプ、一般メーターの場合は 1.2 倍のタイプを選定します。

●設置場所

　設置場所は健診や点検、交換などが容易な場所とします。振動を受け、室外機の温風が当たる場所、腐食性ガスや溶液などのかかる場所および高圧電気設備の近くなどで計量機能に影響を与える場所は避けるようにします。積雪地域や寒冷地では、容器収納庫内に設置して雪や凍結への防護措置を行います。取付け位置は調整器よりも 50mm 以上高くして取付けます。ガスメーター入口には検査孔付ネジガス栓を設けます。

●配管口径の計画

　配管の口径は以下の内容に注意して計画します。

①一般家庭で使用する燃焼器具の入り口における圧力は 2.0（kPa）以上 3.3（kPa）以下とする。
②配管経路（調整器から燃焼器入り口）における圧力損失は 0.3kPa 以下とする。
③業務用などでは各器に適合した入口圧力を確保する。

　配管の口径は一般的には表を用いて算出します。調整器出口から燃焼器入口まで（ガスメーター、末端ガス栓を含む）の許容圧力損失を 0.3（kPa）以下にするように配管寸法を決定します。

●配管計画上の留意点

①配管経路は施工性、維持管理、安全性、経済性、将来計画などを想定して計画する。

②原則、露出配管とする。

③埋設配管とする場合は、防食対策を行う。

④以下の場所には配管を設置できない。

・建築物、構造物の基礎面の下

・地崩れ、山崩れ、地盤の不同沈下などの恐れがある場所

・受電室、変電室など高圧電気設備を有する室内

・危険物貯蔵所内およびエレベータ昇降路内

・腐食性土壌内

⑤以下の場所への配管はできるだけ避ける。

・車庫、土間などのコンクリート下の土中

・湿気の多い浴室などの近辺、排水溝

・建築物などの美観を損なう恐れのある場所

⑥埋設配管については以下の項目に留意する。

・地面荷重、凍結現象による損傷を避けるため埋設深さを600mm 以上、凍結に対しては300mm 以上の無凍土上の深さを確保する。

・電気設備その他の地中埋設物などとの離隔距離を確保する。

・地中埋設管の配管勾配に留意する。

7 -13 液化石油ガスの配管材料

●配管材料の計画

　配管材料（継手を含む）は使用目的に適合して、施工性、維持管理などに十分考慮して計画します。

　高圧部分へ使用可能な材料は、以下のとおりです。

　①圧力配管用炭素鋼鋼管
　②りん脱酸銅管
　③継手金具付高圧ホース

　供給管および配管において、高圧部分以外に使用できる管材料を表7-13-1に記載します。埋設部分に関しては、ガス用ポリエチレン管、もしくはさや管付き配管用フレキ管を用います。屋内配管には配管用フレキ管を使用します。

　配管（供給管および配管）の接合は、配管に使用されている材料や使用継手の種類、使用場所により適した方法を選択します（表7-13-2）。

●安全装置の計画

　LPガス設備の管理責任において、供給設備は事業者側に、メーター以降の消費設備については消費者に責任があります。システムにおいてはガスの漏洩を防止する構造とします。また、地震発生時に対する対応ができるように方策を講じます（表7-13-3）。

表 7-13-1 設置場所別供給管材料（一部）

設置場所		供給管種類	塩化ビニル被覆鋼管	ポリエチレン被覆鋼管	ナイロン被覆鋼管	ガス用ポリエチレン管	配管用フレキ管
露出部		屋外	◎	◎	◎	ー	◎
		構内（地表面に開口部を有する溝）	◎	◎	◎	ー	◎
	床下	多湿・水	◎	◎	◎	ー	◎
		それ以外	◎	◎	◎	ー	◎
	室内	多湿部	◎	◎	◎	ー	◎
		水の影響	◎	◎	◎	ー	◎
		それ以外	◎	◎	◎	ー	◎
埋設部		屋外	◎	◎	◎	◎	◎
		床下	◎	◎	◎	◎	◎
		構内（地表面に開口部がない溝）	◎	◎	◎	◎	◎
壁・床の内部		埋込貫通	◎	◎	◎	ー	◎
		空洞部	◎	◎	◎	ー	◎

◎：推奨材料
ー：使用できないもの

表 7-13-2 配管材料と適用接合方法

圧力区分	材料名	接合方法
高圧	鋼管	溶接接合、フランジ接合、ねじ接合
	銅管	フレア接合、硬ろう接合
中圧・低圧	鋼管	ねじ接合、ユニオン接合、フランジ接合、溶接接合
	被覆鋼管	ねじ接合、メカニカル接合、
	配管用フレキ管	機械的接合（ソケット接合）
	ポリエチレン管	融着接合、メカニカル接合、トランジション接合
	鋳鉄管	メカニカル接合

7・ガス設備

表 7-13-3　ガス漏洩と防止策

ガス漏洩例		ガス漏洩防止策	防止のための方法
高圧部	折損腐食	容器転倒防止策	容器固定鎖
			容器まわりユニット
			容器収納庫
		ガス遮断	ガス放出防止装置
低圧部	折損腐食 使用ミス	微少漏れ監視	漏えい検知装置
			ガス漏れ警報器
		ガス遮断	マイコンメーター
			ガス漏れ警報遮断装置
			ヒューズガス栓
			耐震自動ガス遮断器

第8章

浄化槽設備

　全国の汚水処理施設の処理人口は、1億1,637万人（令和2年度末）です。汚水処理人口の普及率は92.1%です。これは約990万人が汚水処理施設を利用できない状況にあることを示しています。汚水処理施設の処理人口を各処理施設別に見ると、下水道によるものが最も多く1億123万人（汚水処理人口普及率80.1%）、浄化槽1,175万人（同9.3%）、農業集落排水施設321万人（同2.5%）、コミュニティ・プラント19万人（同0.1%）です。浄化槽は1000万人以上が利用している代表的な汚水処理施設の1つです。

●浄化槽設備

　浄化槽設備は公共下水道が整備されていない地域において、敷地内で発生する汚水・雑排水を処理して下水道以外の公共用水域（側溝、河川、湖沼、海など）に放流するための設備のことです。浄化槽設備には、過去に設置された単独処理浄化槽と現在、新規設置ができる合併処理浄化槽（図8-1-1）の2種類があります。単独処理槽は、トイレからの汚水のみを処理して放流するもので、現在、新規設置はできません。既存のものも合併処理浄化槽への置き換えが進められています。現在、設置が許される合併処理浄化槽は、汚水と台所、風呂、洗面所などからの生活雑排水をあわせて処理します。ここでは合併処理浄化槽を「浄化槽」として説明します。

●重要な役割の担い手

　浄化槽設備は、下水道などのインフラが整備されていない地域において、各戸ごとに設置して、し尿や、台所・浴室などの生活排水を処理する施設として利用されています。郊外や、地方で住宅が散在しているエリアにおいては生活排水対策の現実的かつ最も有効な方策といえます。これから、下水道が整備されると浄化槽が不要になります。しかし、すべてのエリアに下水道を整備するには時間とコストがかかります。それまで浄化槽設備は大変重要な役割を担い続けることになります。

●汚水と生活雑排水

　汚水とは給排水設備では、便器などから排出される排泄物を含む排水のことを示します。建築基準法や下水道法での定義では、雨水以外の排水の総称とされています。**生活雑排水**とは、汚水を除いた台所、洗濯、風呂など日常生活から出される排水のことをいいます。浄化槽においては汚水・生活雑排水中のいろいろな物質を取り除くことを行います。汚水・生活雑排水の中に

は、固形物質と水中に溶け込んでいる溶解物質があります。これらを処理して浄化します。まず、固形物質で比重が大きいものは沈殿させて除去します。比重の小さなものは浮上させて除去し、溶解物質は微生物を利用して除去します。

●排水の基準

　浄化槽を経由して排除される排水には水質基準が定められています。この基準は建築基準法施行令第32条に規定があります。浄化槽を設置する区域や、処理対象の人数により水質の基準が定められています。

図 8-1-1　合併処理浄化槽

提供：CC BY 4.0

8-2 浄化槽の主な用語

浄化槽設備を理解する上で必要な用語を解説します。

●公共用水域

「河川、湖沼、港湾、沿岸地域、その他公共の用に供される水域及び、これに接続する公共溝渠、灌漑用水路、その他公共の用に供される水路」と水質汚濁防止法で定められています。

● BOD（Biochemical Oxygen Demand）

生物化学的酸素要求量のことです。水の汚濁状態を表す勇気汚濁指標の1つです。水中の有機物が好気性微生物により分解される際に必要な酸素量のことを **BOD 値**（mg/L）と呼びます。数値が高いほど水質汚濁が著しいと判断されます。

● BOD 負荷量

汚水量とその BOD 濃度との積です。浄化槽などの汚濁負荷の計算に使用します。

● BOD 除去率

浄化槽に流入した汚水が浄化されて BOD がどれだけ除去されるかを表す数値です。浄化槽の性能を示す数値でもあります。

BOD 除去率（%）＝
［（流入水の BOD －放流水の BOD）／流入水の BOD］× 100

● BOD 量

対象とする汚水を 20℃で 5 日間培養し、培養前の溶存酸素量と 5 日間培養後の溶存酸素量を溶存酸素計で測定し、その差から酸素消費量を求めてBOD 量を算出します。

● COD（Chemical Oxygen Demand）

化学的酸素要求量（mg/L）のことです。主に有機物によって消費される酸素量を示していて水質汚染の指標の 1 つとなっています。測定は過マンガン酸カリウム消費量の測定によるものが主流で BOD の測定に比べて簡易に行うことができます。

● DO（Dissolved Oxygen）

溶存酸素のことです。その大小は汚水の安定化に直接関係しています。浄化槽ではばっ気して DO を供給して浄化を行います。汚水においては有機質の腐敗性物質が溶存酸素を消費します。つまり、汚染状態を測定することができます。

● SS（Suspended Solids）

浮遊物質（mg/L）のことです。水中に浮遊している物質の量を示しています。水の外見上のきれいさを求める項目になります。粒径が 2mm 以下の固形物質の総称です。

●ばっ気

水を空気にさらして、液体内に空気を供給する行為のことです。**エアレーション**（aeration）と呼びます。主に水に対して酸素を供給する場合に用いられる用語です。

●好気性処理

溶存酸素が存在している汚水で好気性微生物により汚染物質である有機性物質などを炭酸ガス、アンモニア、硫化水素に分解することを**好気性分解**と

呼びます。この好気性分解を利用した、汚水処理の方式を**好気性処理**と呼びます。好気性処理は有機性物質の分解速度が速く、周期の発生が少ないため、浄化槽の生物学的処理として用いられています。好気性処理は2種類あります。1つはばっ気により生物フロックを浮遊させた状態で有機性物質を酸化分解する方法です。もう1つは担体に微生物を付着増殖させて生物膜を形成し、これに汚水を接触させて参加分解する方法です。

●フロック

正常な活性汚泥で微生物の集合体が数 mm の糸くず状になり、水中を漂う現象のことです。

●担体

微生物を付着させるためのろ材のことです。担体には細かい粒状の穴が開いており、微生物が付着しやすいように工夫が解かされています。プラスチックやスポンジの物が多く1個につき 1cm に満たない大きさです。

●嫌気性処理

溶存酸素が存在しないところで生存する嫌気性微生物により、汚水中の有機性物質をメタンガス・炭酸ガス・アンモニア・硫化水素などに分解することを**嫌気性分解**と呼びます。この嫌気性分解を利用した汚水処理の方式を**嫌気性処理**と呼びます。

●汚泥処理

汚水処理に伴い発生した汚泥を、濃縮・脱水・焼却などで、容量を減らし、衛生的で取扱いしやすい状態にする処理技術です。汚泥処理は減量化を図ること、性状の安定化を行い、衛生面での安全化などを目的としています。

●ろ材

ろ過するための素材のことです。いわゆる**フィルター**です。浄化槽内では汚泥をろ過しますが、その際にろ材を通しています。

●接触材

接触ばっ気槽内に充填し、生物膜を付着させるための材料です。生物膜を付着させることで生物分解を行い除去します。

●逆洗

ろ材や接触材などの目詰まりの原因である過剰な生物膜や古い生物膜などを取り除くために、通常とは逆方向の旋回流を起こして流すことです。

●高度処理

汚水・雑排水の浄化において、通常の処理方法で得られる水質以上の水質を得る目的で行う処理方法です。一般的には、リンや窒素を除去する処理法のことです。

●一次処理、二次処理、三次処理

排水・雑排水処理の方法の3つの段階を示しています。一次処理の工程は、沈殿などによって、物理的にゴミや大きな浮遊物を除去する処理過程です。二次処理は一次処理では除けなかった有機物を微生物の働きで分解を行う処理過程です。三次処理は、二次処理水中に残っている窒素、リン、難分解性物質を化学的、物理的あるいは生物学的方法で除去する処理過程です。

●浄化槽法（環境省）

浄化槽法は浄化槽による、し尿の適正な処理を図り生活の保全および公衆衛生の向上に寄与することを目的に定められています。製造、設置、保守点検（年3回以上の実施）、清掃（年1回の実施）、検査（年1回）などについて定められています。

●スカム

嫌気ろ床槽や沈殿槽の水面に浮上する固形物のことです。消化分解の進行とともに、大腸菌・尿素分解菌などが活動した際に発生した炭酸ガスが浮遊物に包含して軽くなり、槽の表面に浮上してできる厚いスポンジ状の泡のこ

とになります。

●ブロワー（送風機、エアーポンプ）

ばっ気槽に空気を供給するための機械の総称です。

●水質汚濁防止法（環境省）

　水質汚濁防止法は、工場や事業場からの排水の公共用水域（海域、河川、湖沼など）への排出および地下に浸透する水を規制するとともに、生活排水対策の実施を推進することで公共用水域および地下水の水質の汚濁をの防止を図り、国民の健康を保護するとともに生活環境を保全することを目的としています。浄化槽において 501 人槽以上が特定施設として届出が必要です。地域により 201 ～ 500 人槽もみなし特定施設に指定されています。

❗ 横浜水道

　日本の水道は江戸時代の水道にはじまります。江戸時代は上水とも呼ばれ、石や木で造られた水道管により上水井戸に運ばれていました。人々は、そこから水をくみあげて飲料水、生活用水として使用していました。近代の水道は、明治 20 年（1887 年）に横浜水道が設けられて給水を開始しました。横浜近辺が埋め立て地であることや開国により急激に人口が増加しましたが、良質な井戸水に恵まれないことから、神奈川県知事が英国人技師 H. パーマー氏を顧問として相模川を水源としてつくられたものです。

●計画における留意事項

　計画施設の地域において、建物からの排水（汚水・生活雑排水など）を週末処理場を有する公共下水道以外に放流する場合は、合併処理槽を設置します。合併処理槽の構造は、建築基準法により定められてるいので適合する形で施工を行います。処理方式は総合的に判断して選定します。計画における留意事項は次の項目になります。

①建物からの排水が自流流下できるように低地に設置する。

②排水先から汚水が逆流しないように高さ設定する。

③建物から離した位置に配置します。特に防臭や、防音に配慮する必要がある。

④危険防止のために周囲に柵を設置し、マンホールやチェッカープレートには脱落防止装置を設ける。

⑤浄化槽の清掃の際に、収集運搬車が容易に汚泥搬出できるように計画する。

⑥構造に関して次の項目を検討する。

　・地質、杭の要否、土留の要否

　・地下水位（高い場合、浄化槽が浮かぶ可能性がある）

　・駐車場として使用する場合の検討

⑦清掃用水栓、コンセントなどの検討を行う。

浄化槽のしくみ

●浄化槽のしくみ

浄化槽は合併処理浄化槽のみ新設が可能です。合併処理浄化槽はトイレの水だけではなく、台所や風呂などの生活雑排水もあわせて処理する浄化槽です。現在は小型化が進んでいます。また、窒素やリンも除去できる機能を持つ高度処理型小規模浄化槽などもあります。浄化槽（嫌気ろ床接触ばっ気方式）内のしくみを以下に示します（図8-4-1）。

●汚水接続

水栓トイレ、台所、風呂、洗濯など屋内すべての排水を塩ビ管や枡を用いて浄化槽に接続します。雨水や屋外洗い場の排水は接続できません。流入側の枡はすべてインバート枡とします。臭気が家屋内に入ることを防ぐためにトラップ枡とします。

●嫌気ろ床槽部
けんきろしょうそうぶ

大きな固形物と溶けた汚れとスカムに分離します。ろ材に付着した嫌気性の微生物が有機物を分解します。

●接触ばっ気槽部

接触材に付着した好気性の微生物にブロワから空気を送り汚水中の有機物を分解して浄化を行います。

●沈殿槽部

浄化された処理水に含まれる固形物を沈澱させて、浄化された上澄水を消毒槽に送ります。

●消毒槽部

　沈殿槽からの上澄み水を塩素剤により消毒し浄化槽外に放流します。最終的な放流水質は BOD20（mg/L）以下とされています。

図 8-4-1　浄化槽のしくみ

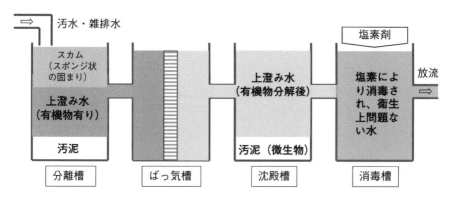

💬 近代水道の布設

　安政元年（1854 年）の開国により、国外からコレラやチフスなど水を介して広がる感染病が持ち込まれ、明治 10 年代には日本各地でコレラの流行が繰り返されていました。不衛生な飲料水に起因する水原感染症対策として、近代水道が布設されることになりました。横浜水道も近代水道の基本的な設備を導入して鋳鉄管・ポンプ・ろ過池を用いた連結給水の有圧水道として設けられました。その後、函館、長崎に布設されました。都市部は、東京、大阪、京都で布設が進み、貿易拠点である5港（函館、横浜、新潟、神戸、長崎）へと布設が広がりました。

浄化槽の計画・選定

●浄化槽の計画・選定

浄化槽の計画・選定は以下の流れで行います。

- **処理対象人員の算定**：処理対象人員とは対象となる建物の排水が住宅排水に比べて何人分に相当するのかを示したものです。JIS A 3302-2000（建築物の用途別による屎尿浄化槽の処理対象人員算定基準）にて建物用途毎に設定されています（表8-5-1）。
- **処理水質の計画**：放流先の公共用水域の放流基準水質を管理者と協議します。放流基準水質に適合する処理水質の浄化槽を選定します。
- **浄化槽の処理方式の計画**：浄化槽メーカーに確認し、性能以外の施工性、コストなど確認のうえ、処理方式を決定します。

表 8-5-1　建物の用途別による屎尿浄化槽の処理対象人員算定基準（一部）

建築用途		処理対象人員		算定単位汚水量および BOD 濃度参考値		1日の排水時間
		算定式	単位	汚水量	BOD	
集会場施設	公会堂 集会所 劇場 映画館 演芸場	n=0.08A	n：人員（人） A：延面積（㎡）	16 (L/㎡・日)	150 (mg/L)	公会堂・集会所 8 劇場・演芸場 10 映画館 12
	競輪場 競馬場 競艇場	n=16C	n：人員（人） C：総便器数（個）	2,400 (L/個・日)	260 (mg/L)	10
	観覧場 体育館	n=0.065A	n：人員（人） A：延面積（㎡）	10 (L/㎡・日)	260 (mg/L)	15

あとがき

　給排水衛生設備はインフラから供給される「水」を扱う設備です。建築だけでなく、土木、衛生、環境、消防など、多くの分野に関わっています。それぞれ関連法規と所管官庁が違うのも給排水衛生設備の特徴です。これは「水」が人の生活に密接に関わり、農業・工業・商業いずれの産業でも重要な役割を果たしているからです。

　本書では、さまざまな分野をできるだけ分断せず、つながりが把握しやすいように図や写真などを用いて解説をいたしました。

　執筆にあたっては、作図にご協力をいただいた田島葵氏、施工などの写真をご提供を池部遼太氏(Chic)、斎藤和歌氏に対しまして御礼を申し上げます。

●参考文献

『基礎からわかる給排水設備』坂上恭介・鎌田元康 編著　石渡博・市川憲良・大塚雅之・岡田誠之・坂上恭助・下田邦雄 著　彰国社　2009 年

『給排水衛生設備計画設計の実務の知識 改訂4版』空気調和・衛生工学会 編著　オーム社　2022

『これだけ覚える!給水装置工事主任技術者試験 改訂3版』春山忠男 著　オーム社　2021

『完全図解 空調・給排水衛生設備の基礎知識早わかり』大浜庄司 著　オーム社　2021

『イラストでわかる建築設備』山田信亮・打矢瀅二・中村守保・菊地至 著　ナツメ社　2021

『図解入門 よくわかる最新 給排水衛生設備の基本と仕組み 第2版』土井巌 著　秀和システム　2019

『排水設備工事責任技術者講習会テキスト』日本下水道協会 編　日本下水道協会　2021

『第 14 版 空気調和・衛生工学便覧』空気調和・衛生工学会 編　空気調和・衛生工学会・丸善　2010

『空気調和・衛生工学会規格 SHASE-S206-2019 給排水衛生設備規準・同解説』空気調和・衛生工学会 編　空気調和・衛生工学会　2019

用語索引

■著者紹介

渋田　雄一（しぶた　ゆういち）

1991年東京理科大学理工学研究科修了（修士）。1991年ー2003年内井昭蔵建築設計事務所。2003年ー2016年日本工学院八王子専門学校。2016年ー2018年日本工学院専門学校。2018年ー日建設計コンストラクション・マネジメント。

●装丁　　　　　　中村友和（ROVARIS）
●編集＆DTP　　　株式会社エディトリアルハウス

しくみ図解シリーズ
給排水・衛生設備が一番わかる

2023年6月9日　初版　第1刷発行

著　者　渋田　雄一
発行者　片岡　巌
発行所　株式会社技術評論社
　　　　東京都新宿区市谷左内町21-13
　　　　電話　03-3513-6150　販売促進部
　　　　　　　03-3267-2270　書籍編集部
印刷／製本　株式会社加藤文明社

定価はカバーに表示してあります。

ISBN978-4-297-13501-0　C3052
Printed in Japan

本書の内容に関するご質問は、下記の宛先まで書面にてお送りください。お電話によるご質問および本書に記載されている内容以外のご質問には、一切お答えできません。あらかじめご了承ください。
〒162-0846
新宿区市谷左内町21-13
株式会社技術評論社　書籍編集部
「しくみ図解」係
FAX：03-3267-2271